感性産業のブランディング

グランドセイコー、ファクトリエ、
超高密度織物ＤＩＣＲＯＳ、伝統工芸ブランドＨＩＲＵＭＥ

長沢 伸也 編

KAIBUNDO

本書の概要

本書は早稲田大学ビジネススクール（ＷＢＳ）で開講されている講義「感性産業＆ブランディング論」「感性＆ファッション産業論」および「感性マーケティング論」で、２０１８～19年度に招聘したゲスト講師４人によるゲスト講義の講義録です。

そして、「感性に訴える製品づくり、ブランドづくり」の道を探り、これからの日本企業のものづくりやブランド構築に示唆を与える書です。

本書で取り上げる４社の製品やブランドは、いずれも「感性に訴える」「高くても売れる」「熱烈なファンが大勢いる」「ブランドとして日本で、世界で通用する」という特徴があります。

「感性産業＆ブランディング論」「感性＆ファッション産業論」や「感性マーケティング論」という珍しい科目名の講義は、顧客の感性に訴求する高付加価値ものづくりやコトづくりのあり方、そしてラグジュアリーに代表される高付加価値産業を扱います。併せて、モノよりコトを売る感性産業や経験産業の典型といえる広義のファッション（装いや美容、ライフスタイルを含む）ビジネスの事例を紹介するとともに、その経営者をゲスト講師として多数お招きしており、本書はその講義録となります。

「日本」発のブランド創造こそが、日本企業の課題であることに疑いがありません。経営者自らの言葉の迫力と相俟って、ビジネスパーソンのご参考になると確信しております。

本書の成立経緯

早稲田大学ビジネススクールでは、ビジネス界と密接に連携した教育・研究に注力しており、その取り組みの一環として、座学だけではなく、それぞれの立場でご活躍の実務経験者や第一線の研究者の方にゲスト講師としてご登壇いただいております。貴重なゲスト講義を限られた受講生だけが聴くのではあまりに勿体ないということで、講義録として９冊をこれまでに刊行しております。

各年度でさまざまなゲスト講師をお招きしているなかで、編者が担当した２０１９年度「感性産業&ブランディング論」ではセイコーウオッチ株式会社デザイン部長兼高級品ディレクター 種村清美氏、２０１８年度「感性&ファッション産業論」ではファクトリエ（ライフスタイルアクセント株式会社）代表 山田敏夫氏ならびにファッションジャーナリスト・日本遺産プロデューサー 生駒芳子氏、同じく「感性マーケティング論」では第一織物株式会社社長 吉岡隆治氏にそれぞれご登壇いただきました。

本書は、それぞれのゲスト講師による講義と受講生との質疑応答を収録しており、ゲスト講師の講義録としては10冊目になります。

ただし、出版に際して、講義部分および質疑応答ともに、各登壇者と各企業の広報ご担当様や編者による加除修正を行っています。

『感性産業のブランディング』（初版）正誤表

本書の内容に誤りがございました。

謹んでお詫びし、下記のとおり訂正させていただきます。

v頁　本文14行目

誤	生駒氏アシスタント　岡瀬由加里様
正	生駒氏アシスタント　岡瀬由加理様

おことわりと謝辞

本書の企画と編纂および質疑応答の質問部分の校正は編者があたり、講義部分と質疑応答の回答部分の校正は各講演者があたりましたが、内容や構成は編者がその責めを負っていることは言うまでもありません。また、各講演者が語った珠玉の言葉を収録していますが、話し言葉と文字とのニュアンスの差異や、間合いや雰囲気が伝わりきれていなかったり、損なわれていたりしたとすれば、編者の力量の限界です。

また、本書収録の講義のうち、２０１９年度「感性産業＆ブランディング論」および18年度「感性＆ファッション産業論」は共立美容外科・歯科提携講座（当時）、２０１８年度「感性マーケティング論」はアルビオン提携講座（当時）として実施されました。医療法人社団美人会共立美容外科・歯科久次米秋人統括院長・ＣＥＯならびに和田直顕事業推進部部長、株式会社アルビオン　小林章一社長ならびに染谷高士常務に厚く御礼申し上げます。

末筆になりましたが、お忙しいなか、ゲスト講師招聘に応じてご出講いただきました種村清美部長、山田敏夫代表、吉岡隆治社長、生駒芳子氏に深甚なる謝意を表します。また、各企業の広報ご担当のみなさま、とくにライフスタイルアクセント株式会社　山岡真由子様、第一織物株式会社　茶谷映月様、生駒氏アシスタント　岡瀬由加里様には、写真のご提供や原稿の確認をいただきました。ゲスト講義の写真撮影や録音、質疑応答の一部は上掲和田直顕氏、ＷＢＳ長沢ゼミ生ならびにゼミＯＢ川村亮太氏にそれぞれご尽力いただきました。吉岡隆治社長は福井県立大学木野龍太郎教授のご紹介です。木野教授は吉岡社長のゲスト講義にわざわざご臨席までしていただきました。本書は、講義を熱心に聴講し、活発に質問したＷＢＳの受講生の諸君があってこそです。また、海文堂出版編集部のご尽力により形になりました。ここに厚く御礼申し上げます。

本書を通じて、「感性に訴える製品づくり、感性に訴えるブランドづくり」の実際と本講座が広く知られることとなり、さらに、これからの日本企業のものづくりやブランド構築のヒントになれば幸甚です。

２０２０年　滞在中のパリ政治学院にて

編者　長沢　伸也

なお、本書は２０２０（令和２）年度日本学術振興会科学研究費補助金基盤研究（Ｂ）１８Ｈ００９０８の補助を受けた。

目次

第2章　工場直結ファッションブランド「ファクトリエ」

第1章

日本発ラグジュアリーブランドを目指す「グランドセイコー」

―プロダクトデザインを軸とした感性価値の訴求―

科目名：感性産業&ブランディング論
日　時：２０１９年７月20日（土）10時40分～12時10分
会　場：早稲田大学11号館９階９０３号室（馬蹄形教室）
講　師：セイコーウオッチ株式会社 デザイン部長兼高級品ディレクター　種村 清美
司　会：ＷＢＳ教授、早稲田大学ラグジュアリーブランディング研究所長　長沢 伸也

〔会社概要〕

名称	セイコーウオッチ株式会社 (Seiko Watch Corporation)
営業開始	2001 年 7 月
資本金	50 億円
従業員数	431 名（2019 年 3 月末単体） 2,396 名（2019 年 3 月末連結）
事業内容	ウオッチ等の企画及び国内外への販売
所在地	本社 〒104-8118 東京都中央区銀座 1 丁目 26 番 1 号 TEL：03-3564-2111（代表）
役員	代表取締役会長 兼 CEO　服部 真二 代表取締役社長 兼 COO 兼 CMO（チーフマーケティングオフィサー）　高橋修司

〔講演者略歴〕

種村 清美（たねむら きよみ）

セイコーウオッチ株式会社 デザイン部長兼高級品ディレクター

1964 年生まれ。東京出身。千葉大学工学部工業意匠学科卒。
1987 年セイコー電子工業（現在のセイコーインスツル）デザイン部入社。
2002 年セイコーウオッチ入社，2009 年セイコーのデザインディレクター，
2015 年セイコーウオッチのデザイン部長兼高級品ディレクター就任，
現在に至る。

【司会（長沢）】　今日は、セイコーウオッチ株式会社　デザイン部長兼高級品ディレクター　種村清美様をお迎えしております。セイコーウオッチの高級時計といえば、何と言っても「グランドセイコー」でしょう。「クレドール」や「プレサージュ」もご担当のようですが、「グランドセイコー」の世界展開を中心にお願いしております。

私は、「時計」や時計ブランドが書名に入った本を5冊ほど出版しております（章末注）。また、書名にはなくても10冊ほどラグジュアリー関係で出版しているほとんどで時計が言及されています。特に、『高くても売れるブランドをつくる！―日本発、ラグジュアリーブランドへの挑戦―』（同友館、2015年）では、グランドセイコーを取り上げております。

レクサス（トヨタ）、クレ・ド・ポー ボーテと並んで、日本発のラグジュアリーになれる可能性があると力説しております。しかし、そのためには価格が安すぎるなどの問題点も指摘しております。

これを種村部長がお読みになり、セイコーウオッチの銀座本社で2019年秋に講演する機会を得ました。さらに、私から種村部長にお願いして、グランドセイコーの聖地である岩手県の雫石高級時計工房や、長野県の信州匠工房とマイクロアーチスト工房をご案内いただき、2019年のバーゼルワールド（時計見本市）でのプレスカンファレンスにも寄せていただきました。その種村部長をゲスト講師にお迎えして、私も嬉しく存じます。

それでは種村部長、よろしくお願いいたします。（拍手）

はじめに

【種村】 この授業は「感性産業&ブランディング論」という大変アカデミックなテーマで、今回のこの話が皆さまのお役に立てるのかちょっと分からないのですが、実は1カ月前（講演時）ぐらいに日経BP主催のミラノデザインウィーク（Milan Design Week：毎年4月に開催される世界最大規模の家具見本市「ミラノサローネ国際家具見本市」に合わせて、ミラノ市内でさまざまな企業やデザイナーによる展示が行われるデザインの祭典）をメインとしたセミナーがあって、お話をしたのですね。デザインの人や、いろんな企業のデザイナーが集まって、ゼネラルトレンドとか草の根の情報を取ったりするというセミナーがありました。私どものセイコーウオッチはグランドセイコーでミラノデザインウィークに2年出展しているのですが、こういう形で出展しましたみたいな話をしたのですね。

それがベースになっている今日の話ですので、皆さまの授業の内容に沿っているのか分からないのですけれども、グランドセイコーというブランドがミラノデザインウィークで、デザイナーがメインとなって、今少しずつ感性訴求をやっていますよというような内容になっています。実は、うちの会社は感性訴求みたいなのがものすごく非常に遅れていて、日本の企業の中でも結構遅れているのですね。その中で、そういう取組みをしているという感じで聞いていただければと思います（図表1－1）。

図表 1-1　セイコーウオッチ株式会社 種村清美デザイン部長兼高級品ディレクター

提供：セイコーウオッチ

図表 1-2　デザイン部主管でミラノデザインウィークに出展

撮影：大木大輔
提供：セイコーウオッチ

普通、感性訴求というと、どこの企業さんも広報・宣伝部ですとか、もしかするとマーケティングを担当している企画部門ですとか、特にイベント関係の主催はどこの企業も基本的に広報関係の部隊がやるのがメインなのです。私と一緒に今日来ています檜林もデザイン部の者ですが、デザイン部がメインになるのは珍しいかもしれません。

皆さん、ミラノデザインウィーク、うちの会社の上司、役員とかも、「ミラノデザインウィークって何?」みたいな、それぐらいのレベルの中の環境において、どうしても出たいのだということで、デザイン部が主導して2回出ましたよという、今日はそんな話になっています（図表1－2）。

会社紹介

あらためまして、皆さん、セイコーという会社のイメージはどんな感じでしょうか。若い方では、「セイコー」と言っても知らない方も最近いらっしゃったりして、寂しい限りなのです。例えばウオッチをつくっているのはご存じだと思います（図表1－3）。それから黄色と黒のスポーツのイメージ（図表1－4）、あと銀座のランドマーク、和光（図表1－5）みたいなイメージももしかす

図表 1-3　セイコーウオッチ プロスペックス，アストロン，
プレザージュ

提供：セイコーウオッチ

図表 1-4　セイコーゴールデングランプリ陸上 2019 大阪

提供：セイコーウオッチ

図表 1-5　銀座のランドマーク，和光

提供：セイコーウオッチ

るとあるかもしれません。
　最初にうちの会社の歴史ビデオを用意しました。7分間で長いのですけれども見てください。

（VTRナレーション）

【服部】　服部金太郎が創業した服部時計店、そこには金太郎の強い信念がありました。常に時代の一歩先を行く、金太郎はそれを実践し、夢を形にしていくのです。

　輸入時計の小さな小売業から始めた金太郎は、卸業、輸入業を経て製造業に乗り出します。1892年、自前の時計工場、精工舎を設立、金太郎はそこに精巧な時計を製造するという決意を込めました。そして、日本の時計産業発展のため、私費を投じて工場内に学習施設を設けるなど、職人の育成に注力し、技術的向上に努めていきます。

１８９５年、銀座４丁目に進出。屋上に設置した時計塔は銀座の名物、服部の時計塔として多くの人々に親しまれました。ところが関東大震災発生。自慢の社屋と工場、精工舎は全焼。震災被害のすさまじさを今に伝える焼けた時計。このとき、金太郎はある新聞広告を出しました。焼失してしまった修理用時計の代わりに、同等の新品の時計を無償でお客さま全員にお返しをする。この英断により、服部時計店は絶大なる信用を得たのです。

金太郎の優しさは従業員にも向けられていました。やむを得ず解雇した人たちを可能な限り、呼び戻したのです。

さらに金太郎は１９３０年、日本の学術文化の振興と発展のため、研究者を奨励、援助する財団、服部報公会を私財で設立。後に日本人として初めてノーベル賞を受賞した湯川秀樹博士も、この財団の報公賞受賞者の一人でした。財団は金太郎の長男、玄三など、服部家による寄付が続き、その活動は戦時中も中断することなく、現在に及んでいます。

１９３２年、現在、和光本館として知られる服部時計店本店が銀座４丁目に完成しました。今なお銀座のシンボルとして人々を魅了しているこの建物、それは現在のセイコーのグループスローガン、「時代とハートを動かすセイコー」を先取りしたかのような名建築です。

その後、セイコーは１９５１年、日本で初めてのラジオコマーシャルを、１９５３年には日本初のテレビコマーシャルを放映するなど、新しいメディアを積極的に使い、さらに信頼されるブランドへと成長していきます。１９６０年、初代グランドセイコー誕生。以降、日本を代表する腕時計ブランドとして、時計の本質を高い次元で追求していきます。

１９６３年、スイス・ヌーシャテル天文台主催の時計の精度を競うコンクールに参加。メカニカルウオッチとしては4年後の１９６７年に企業グループ賞として、2位、3位、翌１９６８年のジュネーブ天文台コンクールで、過去最高の記録を打ち立てて上位を独占、名実ともに世界の最高峰のレベルに肩を並べました。

１９６９年、世界初のクオーツ腕時計、セイコークオーツアストロン発売。同年、クオーツ腕時計についての特許を多数出願し成立。その後、これらの特許を原則公開し、自社技術をクオーツ腕時計の世界標準へと認めました。

２００４年、クオーツ腕時計の世界的普及へ貢献したクオーツアストロンは、ＩＥＥＥマイルストーン賞を受賞、富士山頂の気象レーダーや新幹線のように、人々の生活を変える歴史的偉業として認定されました。このアストロンの名前は世界初のＧＰＳソーラーウオッチとして２０１０年に復活。ＧＰＳソーラーが再び世界標準になることを願って命名、今に至ります。

服部金太郎に始まるセイコーの歴史をご覧いただきましたが、金太郎を囲んでいる当時の貴重な写真が残されています。中央にいるのが金太郎です。そして眼鏡を掛けたりりしい青年は金太郎の長男、玄三です。金太郎の死後、跡を継ぎました。金太郎の2人上にいるのが次男の正次、60年代の技術革新を指揮しました。金太郎に寄り添う幼い兄弟は私の父、謙太郎と叔父の禮次郎、共に後のセイコーを率いました。そして今、セイコーは金太郎の言った常に時代の一歩先を行くという精神を受け継ぎ、発展させたスローガン、「時代とハートを動かすセイコー」のもと、新たな歴史を刻んでいきます。

【種村】　はい。いかがでしたでしょうか。最後の箇所でお分かりになったと思いますが、ナレーターは服部真二ＣＥＯでした。

ミラノデザインウィークへの出展

ミラノデザインウィークというのはご存じない方もいらっしゃるかと思います。ミラノサローネというのがありまして、これはミラノの郊外で行われる家具のデザインウィークといいますか、新作を出した家具のトレードショーみたいな展示会だったのですけれども、最近、ここ15年ぐらいはだんだん拡大解釈して、ミラノの市内でさまざまな企業が1週間ぐらいの会期でするデザインの祭典です。

レクサスさん、パナさんなど、日本の企業もたくさん出ているのですけれども、商品を並べてトレードショー的に新しい商品発表ということではなくて、まさに感性訴求の場ということで、自分たちのブランドはこういうものだというのを、さまざまなインスタレーションを使ったりとか、さまざまな工夫を凝らしてミラノの場でブランディングをするという場所なので、世界最大級のデザインショーになります。

そこに出るに当たって、セイコーという名前のコーポレートブランドで出るのではなくて、グランドセイコーで出ることにしたのですが、今のビデオを見ていただいたとおり、歴史とか信頼とか品質みたいなものは、ほぼセイコーとグランドセイコーは同じようなもので、セイコー＝グランドセイコーみたいなものになっているのですね。

このグランドセイコー、数年前からセイコーのプライドであるグランドセイコーを、会社の中でマーケティング戦略がスタートしまして、グローバルに展開していきたいというふうに動き出したのです

図表1-6　グローバルなブランディング

提供：セイコーウオッチ

（図表１－６）。日本ではかなり評価をいただいているグランドセイコーですけれども、実は数年前まではまだまだ全然グローバルな見地では売れてもないし、知られてもないようなブランドだったのです。それを何とかして世界に打って出られないかという戦略が巻き起こりました。

どこも取り扱ってくれないので、自分たちでこつこついろんな都市にブティックをつくったりとか、プロモーションイベントをやったりとか、そういうことをこつこつ数年かけてやっていったわけなのです。けれども、グローバルなブランディングということになりますと、ものがいいとか、品質がいいとか、歴史があるだけではなくて、当然そこに感性的な訴求やストーリーをどう伝えるかというところが、まさに必要になってくると。そういうターニングポイントをうちの会社のグランドセイコーは迎えていた時期だったということになります。

グランドセイコー

ここで、あらためまして、グランドセイコーというブランドについて、ちょっとお話しさせていただきたいと思います。今、長沢先生も一つ手に着けてくださっていますが（注：グランドセイコーメカニカルハイビートＧＭＴ）、グランドセイコーは１９６０年生まれですので、先ほどのＶＴＲにもありましたが、今年（講演時）59歳、２０２０年でちょうど還暦を迎える非常に歴史のあるブランドです（図表１－７）。

機能的な価値と言っていますが、精度ですとか、さまざまな時計的なスペックというのは、恐らく日本一ですね（図表１－８）。世界でも恐らく、機能とかスペックとか壊れないとか、そういうところだけを見ると、幾つかのブランドと肩を並べるぐらいな価値のあるブランドだと自負しております。

アフターサービス、品質みたいなものも非常に手厚く、30年保証を目指してアフターサービス体制をつくっておりますけれども、こういうところも会社として自信があるポイントです（図表１－９）。

ということで、みんな社員はグランドセイコー大好きなのです。時計好きの方はご存じかもしれないのですけれども、腕時計のムーブメントの設計から製造、組み立て、デザインとか、すべて一社で全部行える会社のことを「マニュファクチュール」と呼んでいるのですが、本当に全部ばあっとつくれる会社というのは、世界でも片手と言われている、５本ぐらいしかないというところで、その中で堂々とグランドセイコーは完全マニュファクチュールというところです。

先ほど言った機能や品質みたいなものは、フルマニュファクチュールが裏支えをしていると、こういう図式になります。世界最高峰のものづくりになっています。

じゃあ一方で、皆さん、グランドセイコーのデザインというのは、何かイメージがあるでしょうかね。私もデザイン部長ですので、グランドセイコーのデザインについて、ちょっとお話をさせていた

図表 1-7　グランドセイコーの歴史

提供：セイコーウオッチ

図表 1-8　グランドセイコーの機能的な価値

提供：セイコーウオッチ

図表 1-9　グランドセイコーの品質

提供：セイコーウオッチ

図表 1-10　マニュファクチュールとしてのデザイン

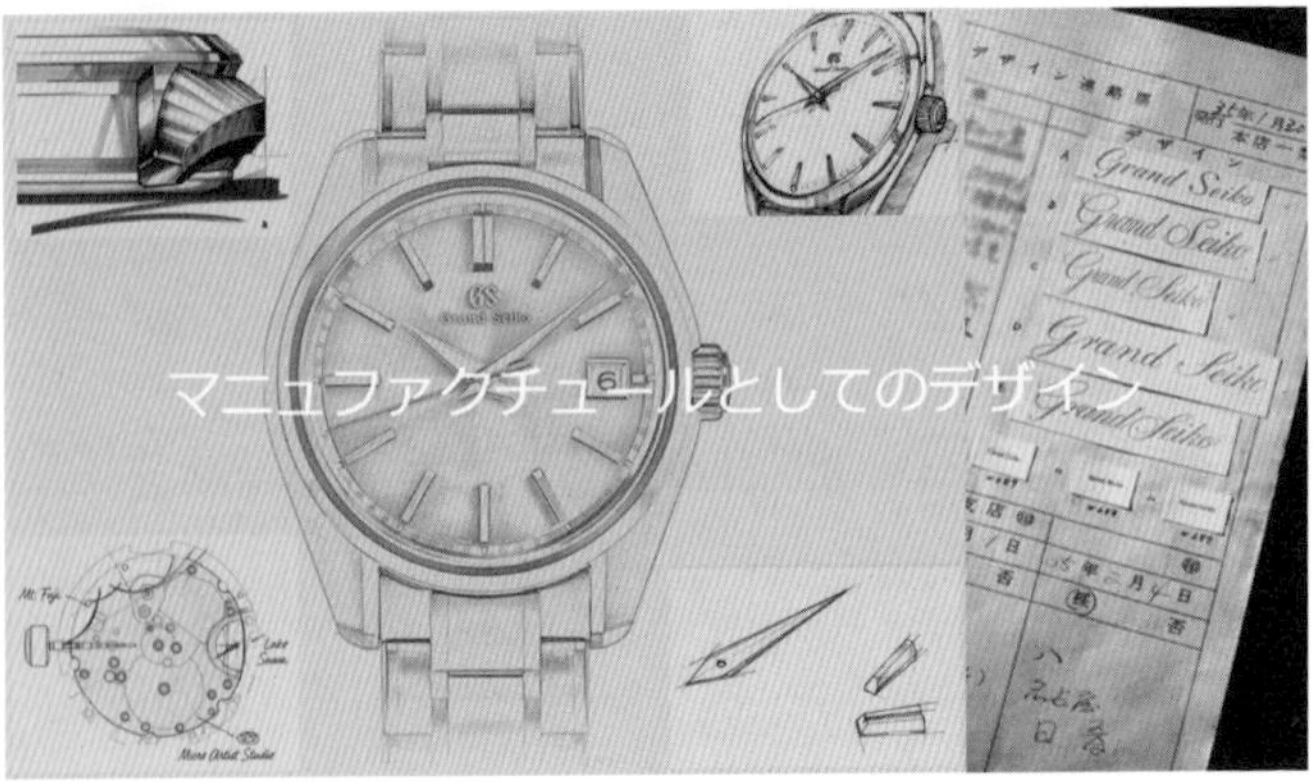

提供：セイコーウオッチ

だきます。

グランドセイコーのデザインは、先ほどありました一貫したマニュファクチュールの中の一つということで、格好いいとかスタイリッシュとかということよりも、マニュファクチュールの中に自然とデザインというものが内包される形で存在します（図表1－10）。

どういうことかというと、グランドセイコーは時計の本質を常に追究しているということを皆さんに言っているのですが、その時計の本質というのは、正確さ、美しさ、見やすさ、長く愛用できること、使いやすいこと、これを文章化すると時計の本質というふうに私どもはとらえているのですね。

この本質はもちろんものづくりを追求しているのですけれども、これを徹底追求して日々究めていくというのがマニュファクチュールの姿勢です。つまり、その中にあるグランドセイコーのデザインプロセスも、全くこの時計の本質を追求するプロセスとオーバーラップすることになります（図表1－11）。

幾つか例を見ていきますと、これ（図表1－12）は非常にハイエンドなムーブメントのデザインですけれども、後方から見える山々の風景を、ムーブメントのここに山がありますみたいな心象風景を落とし込みながら、機能と美しさの両方からアプローチしながらデザインをしてみたりですとかしております。

それからよくいろんなところで私も申し上げているのですけれども、グランドセイコーのデザイン

図表 1-11　グランドセイコーのデザインプロセス

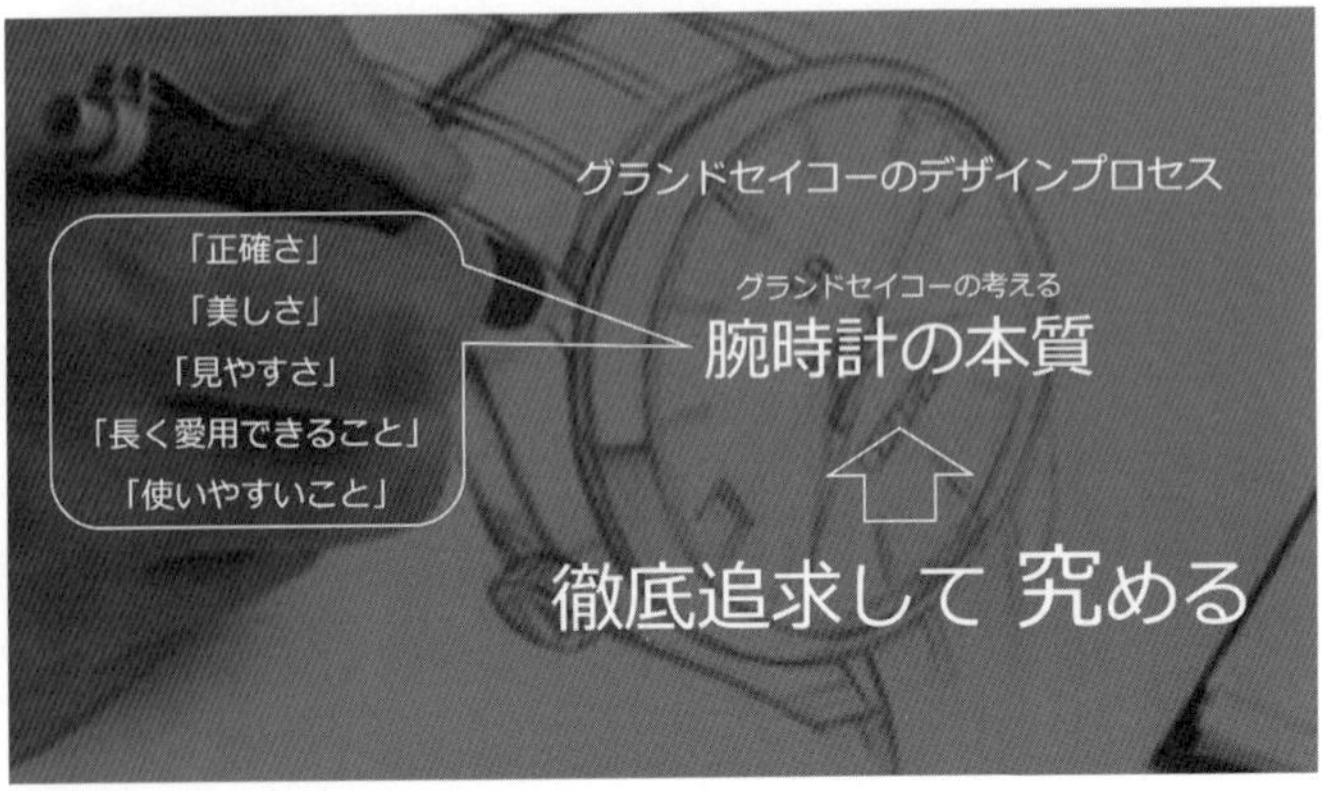

提供：セイコーウオッチ

図表 1-12　グランドセイコーのデザイン

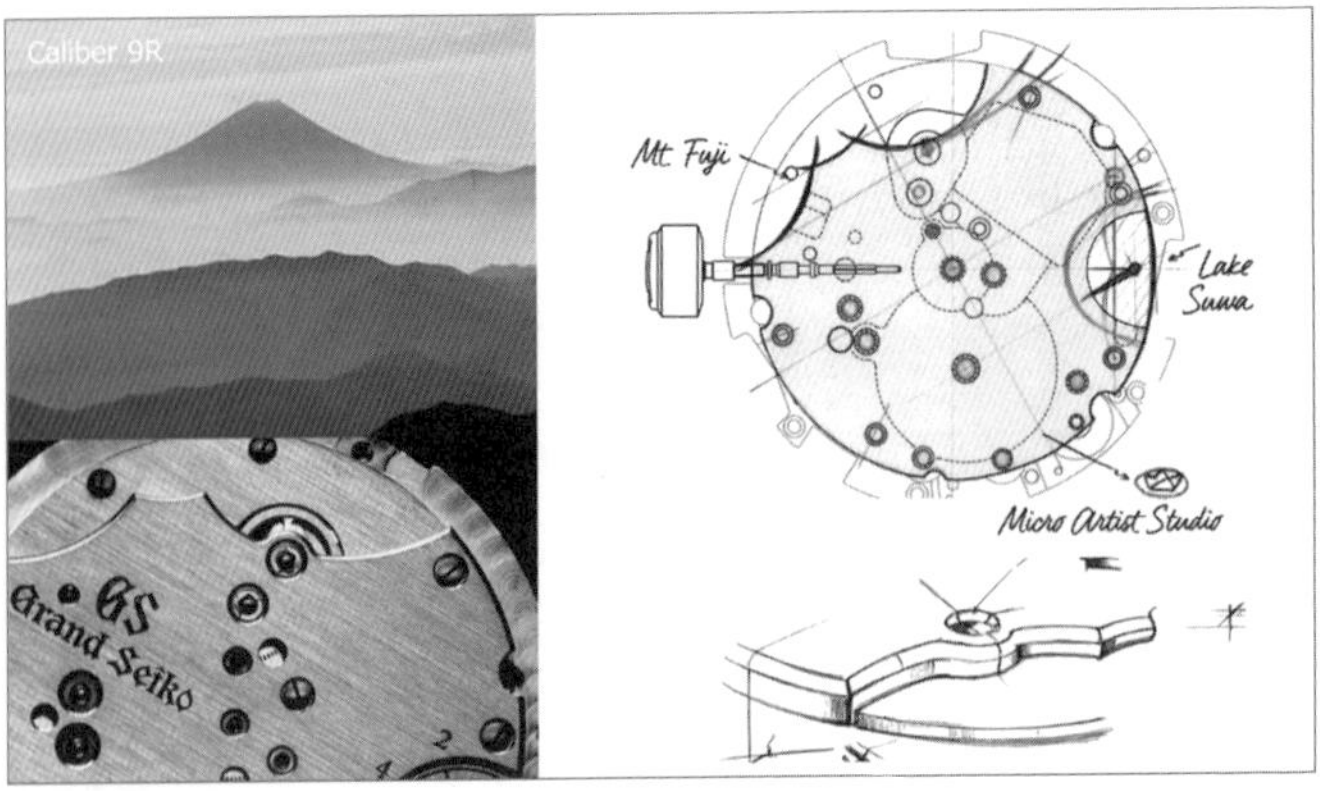

提供：セイコーウオッチ

の単位は１００分の１ミリ、１００分の２ミリ、ちょっとカットしてくれとか、そういうことをいつも製造のおじさんたちと攻防しているわけです。「虫の視点でデザインする」みたいに表現することもありますが、この１００分の１ミリ単位のこだわりが、本当に肉眼で見たときに輝きで変わって見えるのです。

なのですけれども、それがきれいに見えるということよりも、針や時計のインデックスがいかに時計としてきれいに輝いて、きちんと読めるかということを日々計算しながらデザインをしています。ですので、ぜひ店頭でもしお時間あるときにグランドセイコーのダイヤルを見ていただきたいのです。ほかのどこのブランドよりも針とかインデックス、きれいに輝いているはずですし、とても見やすくできていると思います。

それから、腕時計はオブジェではないので、「腕に乗せて何ぼ」みたいなものなのです。そこで、いつも手にしたときに時計がいかにきれいに輝くかということを計算しながら、１００分の１ミリを考えているのです。そのときに、図（図表１-13）の上のほうにデザイナーの描いたパースがありますが、光る部分だけを考えるとうまくいかなくて、光っていない影の部分も一緒に考えて、どこが光ってどこが影になるのかみたいなこと、それが腕に乗せたときにいかにきれいに輝くかということを考えてデザインしています。

よくこれは谷崎潤一郎先生の『陰翳礼賛《いんえいらいさん》』に喩えられるのですけれども、グランドセイコーのデザ

図表 1-13　影もデザインするグランドセイコーのデザイン

提供：セイコーウオッチ

図表 1-14　時計が美しく輝くこと

提供：セイコーウオッチ

イナーは光だけではなくて、影もデザインしますと、いろんなところで私も申し上げています。

このように、非常にディテールにこだわり、細部にこだわるのですが、最後は時計が時計としてきれいに輝くということを目標にしながら、腕時計のデザイン、グランドセイコーのデザインワークをしていると、こういうことになります（図表1－14）。

これも皆さん、いつも勉強されている中で言うのも恐縮なのですけれども、ブランド価値を向上させるためには、先ほど言いました、うちで言うところのスペックとか機能とか、機能的な価値だけが強くても、ブランド価値は上がらずに、それに裏付けされた感性的な価値がきちんとひも付いてこないと、全くブランド価値は上がってこないわけです。

グランドセイコーはどうかといいますと、横軸の機能的価値が世界的に見ても異常に強いために、縦軸の感性的な価値みたいなものを言わなくても、今まではものが結構売れてきたのです。じゃあ感性的な価値がないかというと、先ほどのビデオもそうですし、デザインのアプローチを聞いていただいてもないわけではなくて、言っていなかったというか、きちんとアプローチしていなかったのではないか、こういうふうに数年前から反省しております。ちょうどそのグローバル戦略が立ち上がって、グランドセイコーを世界で戦っていくブランドにしたいのであれば、横だけではなくて縦も頑張らなくてはいけないのではないかというのが、これからお話しするデザイン部の主張になっていきます。

ということで、グランドセイコーの機能的な価値はもう十分伝わっているので、デザインを含めた感性的な価値をぜひ世界に伝えましょうということを、デザイン中心になって会社に訴え始めたわけです。

ミラノデザインウィークへの出展に向けて

いろんなアプローチがあると思うのですけれども、感性価値を世の中に伝える場として、先ほどちょっとご説明しましたミラノデザインウィークがいいのではないかなというふうに、デザイン部の中で思いました。日本企業、どこもみんなレクサスさんを筆頭にブランディング、いろんなアプローチしていますが、非常にお金がかかるイベントですので、出るのに大変なのです。けれども、ぜひグランドセイコーでミラノデザインウィークに出していただけないでしょうか、ここから社内で答申に向けての戦いが始まるわけなのです。

まず、役員答申から始まるのですけれども、お金がかかるのですね。ミラノデザインウィークに出展するには、そうすると会社としては、費用対効果で、出展して何かいいことあるのという話とか、当然企業ですのでＫＰＩ的な説明が必ず求められるわけなのです。「それやって、どうなるの」みたいなことをこれから説得していくわけです。

論法としては、あなたたち、役員ですけれどもね、グローバルに打って出たいのでしょう、だったら、絶対にいつかどこかで感性訴求が普通に必要ですよと。だったら、それをまずミラノデザインウィークでいかがでしょうかというアピールが一つやったことです。

それからもう一つは、グローバルなプロモーションのシナリオに落とし込んだということなのです。これは後でまた説明しますが。簡単に言うと、ミラノデザインウィーク単発でいくらとか、単発でどんな効果があったのだとか、商品を売ってもうかる展示会ではなくて、デザインが主語になっているイメージを売る展示会ですので、なかなか説得が難しいのです。そんな中で、どうせ1年かけてやる世界中のグランドセイコーのプロモーションに、全部ミラノサローネのコンテンツを使って、あちこちで使い回して使い倒すとお得ですよ、世界中で同じことが言えますよ、みたいな論法で、こういうグローバルプロモーションにかけて説得しました。

ということで、簡単ではなかったのですけれども、4回役員答申をやって、4回駄目出しを喰らって、やっとＧＯをいただいたという（笑）。粘り強い説得の末、当時の社長から遂にオーケーをいただいて、出展がＧＯになりました。

じゃあ、グランドセイコーで出ていいよということになったので、ミラノデザインウィークで、感性訴求、何をアピールするのかというのが次の課題になります。

先ほど見ていただいたように、グランドセイコーは機能的な価値は大量にありますので、手持ちのコアコンピタンスは本当にあるのです。いっぱいあるのですけれども、じゃあ、ロレックスと比べてどこが強いのよとか、パティックフィリップと比べてどっちが強いのよというよりも、うちしか持っていない唯一の独自性みたいなものを表現したいなということになります。そこで、世界初、かつグランドセイコーのフィロソフィーを一番体現しているスプリングドライブという、これは後ほどご説明しますが機械体のムーブメントの名前ですけれども、それをテーマに使おうかなと、こういう順番でできました。

３つのキャリバーとスプリングドライブ

今日の講義、説明が長くてすみませんが、ご理解いただく上で、スプリングドライブって何だろうという話をご説明させていただきたいと思います。

腕時計のキャリバー（機械体）を表現するナンバーなのですけれども、うちの会社の場合、アルファベットと数字を使った４けたの番号を使っているのですが、グランドセイコーの場合ですと９Ｒ０１ということで、グランドセイコーのムーブメントの一番上が必ず９で始まっています。ベンツの何とかナンバーとか、そういうのと同じなのですけれども、先ほどの本質を究めるの「究」にかけて、グランドセイコーのプライドとしての9ナンバー、ほかのサブブランドは9ナンバーのキャリバーが使えないのですね。

グランドセイコーには、実は3つのキャリバーがあります。1つ目は、今、長沢先生が手にしていらっしゃいます機械式の9S、それからクオーツの9F、それから今お話ししたスプリングドライブの9R（図表1−15）です。3つあります。

腕時計の秒針の動きというのは中に入っている機械によって決まるので、逆に言うと、秒針の動きを見ると中に何のキャリバーが入っているのか分かるのですね。例えば1秒ごとにぴっぴっぴって動くロレックスがあったら、それは偽物ですということになります。1秒ごとぴっぴっぴって動くのはクオーツですので、

図表1-15　スプリングドライブ（9R）

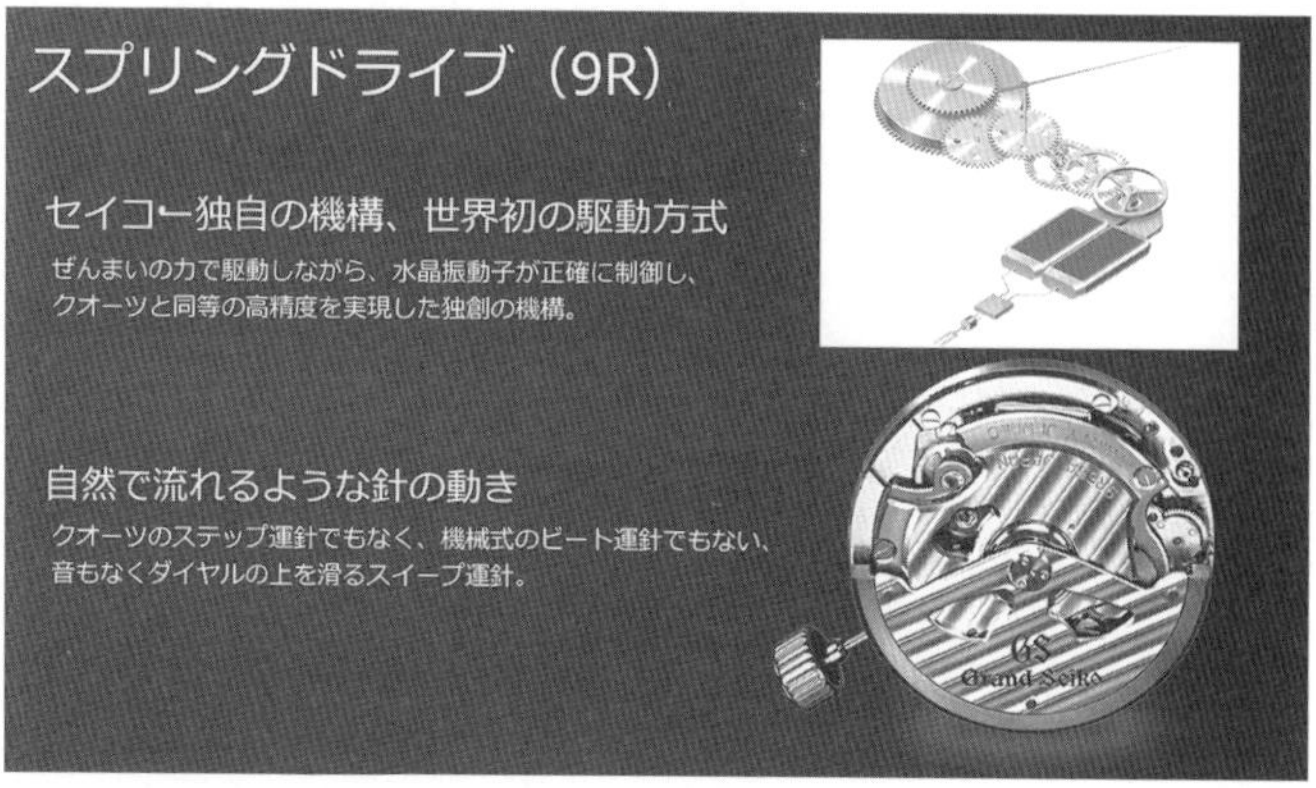

提供：セイコーウオッチ

本物のロレックスにはクオーツ式はありません。

ここから駆動式を簡単にご説明します。

まず機械式の９Ｓについて、ちょっとご説明します。機械式はぜんまい式とか言われているように、ぜんまいをリューズとか回転線で巻いて、それがびゅーんとほどけるパワーが歯車を伝って、針に伝えて針を動かしているのです。けれども、ぜんまいが勝手にぴょーっとほどけると針の動きにならないので、このぜんまいのほどける力を、テンプと呼ばれている左右運動する機械にして、これを1秒間に何回という動きにぜんまいのほどける力を転換するという、簡単に言うとこんなシステムです。

さまざまなメーカーによって、１秒間に何回針が動くかというのは違うのですけれども、グランドセイコーの場合は1秒間に8回か10回、秒針がチチチチと動きます。ハイビート（HI-BEAT）３６０００というのは今、先生が着けていらっしゃる時計と同じですが、１秒間に10回、つまり1時間に3万６０００回、振動するキャリバーです。

次はクオーツの９Ｆになります。皆さん、クオーツを初めてつくったのはセイコーだということはご存じでしょうか。さっきのビデオにもありましたが、１９６９年にアストロンという金無垢の時計で世の中に出したのですね。クオーツという仕組みは簡単に言うと、クオーツって水晶ですけれども、水晶振動子、音叉の形にした水晶振動子がくっついていますが、クオーツに微弱な電流を流すと、クオーツというのはうーって高速振動するのです。それが1秒間に3万２７６８回振動するのですけれども、非常に正確です。それをＩＣで制御して、１分の３万２７６８回にすると１秒に１回、秒針が動きます。簡単に言うと、そういうシステムになっています。

ただ、クオーツに電流を流さなくてはいけないので、電池が必要になってくるのですね。電池式と言われているのですけれども、機械式みたいに電池が要らないわけではなくて、バッテリーが必要なのと、電力を制御したくなるために、太くて重い針が回せない。つまり、あまりパワーがない。

そこで、１９７７年ですね。長野県の諏訪セイコーのとある技術者が、精度も出したいし、電池も使いたくないし、強い針も回したい。クオーツとメカのいいとこ取りではないですけれども、そういった時計の究極の本質に適ったようなムーブメントの開発ができないだろうかということで、１９７７年にスプリングドライブの構想がスタートしました。

要は機械式、ぜんまい式なのだけれども、その精度を出すところはクオーツに頼ると。電池が要らないのだけれども正確という、簡単に言うとそういうムーブメントなのです。これが口で言うと大変そうには聞こえないのですけれども、誰もやっていなかったということは、つまり非常に難しかったということで、１号機、２号機、……と続きますが、本当に山あり谷ありの大変な研究だったと聞いています。

やっと、１９９９年に手巻きのスプリングドライブが完成します。先ほど言ったように、ぜんまいを巻いて針を動かすのはメカと同じなのですけれども、精度のところはクオーツで制御しています。でも電池で針を動かしているわけではなく、クオーツはあくまでも針の精度を出すために使っているだけなのです。そのぜんまいがほどける力を機械式テンプという、物理的にかちかちかちって止めていたのですけれども、遠隔操作で電磁ブレーキをかけます。坂道を自転車でびゅーって下るときに、ちゃっちゃっちゃって何回も細かくブレーキをかけながら速度を一定に保つみたいに言うと、皆さんイメージできるかもしれないのですけれども、接触しない電磁ブレーキでぜんまいの動きをセーブをすることで針を動かしているシステムになります。

先ほどのは手巻きのスプリングドライブだったのですけれども、５年かけてスプリングドライブの自動巻きが２００４年に誕生し、やっとグランドセイコーに搭載することができました。つまり、スプリングドライブは機械式と同じように、これだけ立派な太くて重い針が回せますし、電池も要らないと、そういった時計の本質に適ったキャリバーになります。

それとスプリングドライブというのは、機械式が、温度とか姿勢差とか、がんってぶつけちゃったりすると、狂っちゃったりするのですけれども、これがクオーツ並みに安定感のあるキャリバーで、本当に時計としては非常に安定感もあり、なおかつ時計の本質に適っているという、夢のキャリバーなのですね。

構成する部品が、これもまた口で言うほど簡単ではなくて、これはスプリングドライブのクロノグラフのムーブメントですけれども、構成部品数が４００を超えるということで、非常に複雑な構造の、機械式よりもなおかつ非常に複雑な構造のムーブメントになります。

部品一つ一つも、歯車の間がきちんと磨かれていないと、じゃりじゃりじゃりって音がするということは精度が出ないということですね。自転車を買ったばかりは非常に滑らかに動くのですけれども、だんだんぎしぎし言ってくると重くなってきたりとか、精度を出したり時計の動きを良くするために、部品一つ一つをこれでもかというぐらい丁寧に磨いて、これは機械で磨けないので、一個一個、職人さんが手で磨くような作業ですが、この一個一個がアップに耐えられるとてもきれいな部品で構成されています。

つまり、スプリングドライブは量産機ではないのですね。最後は匠の技で組んでいく、非常に人の技とテクノロジーと両方が合わさった夢のキャリバーと、こういうふうに私どもは対外的に言っています。

これ（掲載省略）、汚い画像ですけれども、先ほどの電磁ブレーキをかけて針を動かしているので、接触しないブレーキということなのです。さっきの針の秒針の動きの話に戻りますが、クオーツは1秒に1回動くステップ運針、機械式の時計は1秒間に8回か10回動くビート運針、ところがスプリングドライブは接触しないブレーキで動かしているので、音もしないでダイヤルの上を滑らかに動くスイープ運針を実現することができたのです。

ということで、設計した技術者なんかも、そもそも時というのは刻むのではなくて流れるものなのではないかみたいなことを言いました。設計のおじさんですらそういう感性的なことを口にするような、非常に英知とテクノロジーをつなぎつつも、結果、できたキャリバーは宇宙の流れと一体化するとか、非常に日本人的な、感性的なことをアプローチするのにもってこいのキャリバーが出来上がったと。

そして、これをぜひミラノデザインウィークで、ヨーロッパの地で、グランドセイコーのメインコアコンピタンスとしてアピールできないだろうか、こういう流れになっています。ちょっと説明が長かったのですけれども。

はい。ということでテーマが決まりました。クリエイターを選出するところに来たのですけれども、社内でやることも考えたのですが、外部の方のお名前に頼ったりですとか、初めていろいろ社内でやるのは限界があるので、外部のクリエイターさんの選出というか、お願いをしました。

最近、大変若手で有名なTAKT PROJECTの吉泉さんと、映像クリエイターの阿部さんにお願いしました。クリエーターのアサインに当たっては、テーマがスプリングドライブという非常に小難しいテーマだったので、右の脳も左の脳もエンジニアリングなことも分かるし、アーティスティックなアプローチもできるような方をお願いしますということで、プロデューサーの桐山登士樹さんにアサインをお願いしました。そういうところで出てきたのが、思ったより非常にビッグネームを出していただきました。この2人にお願いして、スプリングドライブを感性価値に転換していく試みがここから始まります。

そこで、テーマです。直球ですが、時は流れるものだよねということで、THE FLOW OF TIMEというテーマにしました。そしてメインビジュアルですけれども、ぜんまい式にこだわったスプリングドライブと、私たちは時計メーカーですということをミラノの地でも言いたかったということで、こういうキービジュアルをつくりました（図表1－16、図表1－17）。

会場ですけれども、トリエンナーレ美術館ということで、グランドセイコー、そこそこ格式の高いブランドですので、格式のある会場を1年目は選んでおります。これが一番のメインのインスタレーションになります。

THE FLOW OF TIMEは3つのインスタレーションの総称です。

最初のが、Approach to TIMEというタイトルですが、アクリルのオブジェが12個並んでいるのです（図表1－18）。このアクリルのオブジェの中にばらばらにしたスプリングドライブのムーブメントが入っているのですけれども、そのスプリングドライブのムーブメントがだんだん手前に行くに

図表 1-16　THE FLOW OF TIME（2018）

撮影：大木大輔
提供：セイコーウオッチ

図表 1-17　THE FLOW OF TIME（続き）

グラフィックデザイン：木村愛
提供：セイコーウオッチ

図表1-18　Approach to TIME

撮影：大木大輔
提供：セイコーウオッチ

従って組まれて、最後、時計の完成体になるという。後ろに巨大な映像装置がありますが、ここで時の流れをさまざまな形で表現する、阿部さんのとてもきれいな映像が流れている。こういったインスタレーションになります。

もう一つの映像作品はKizamu／Nagareruという映像なのですけれども、これは先ほどご説明しました針の動きですね（図表1－19）。機械式の針の動き、ビートを刻むものとスプリングドライブのスイープ運針はこういうふうに違うということと、その視点で見ると、時の流れというのはこういうふうに違って見えますよね、みたいなことを説明的につくった映像になります。

じゃあ、メーキング映像がありますので、ご覧になっていただきたいと思います。

（映像上映）

図表 1-19　KIZAMU / Nagareru

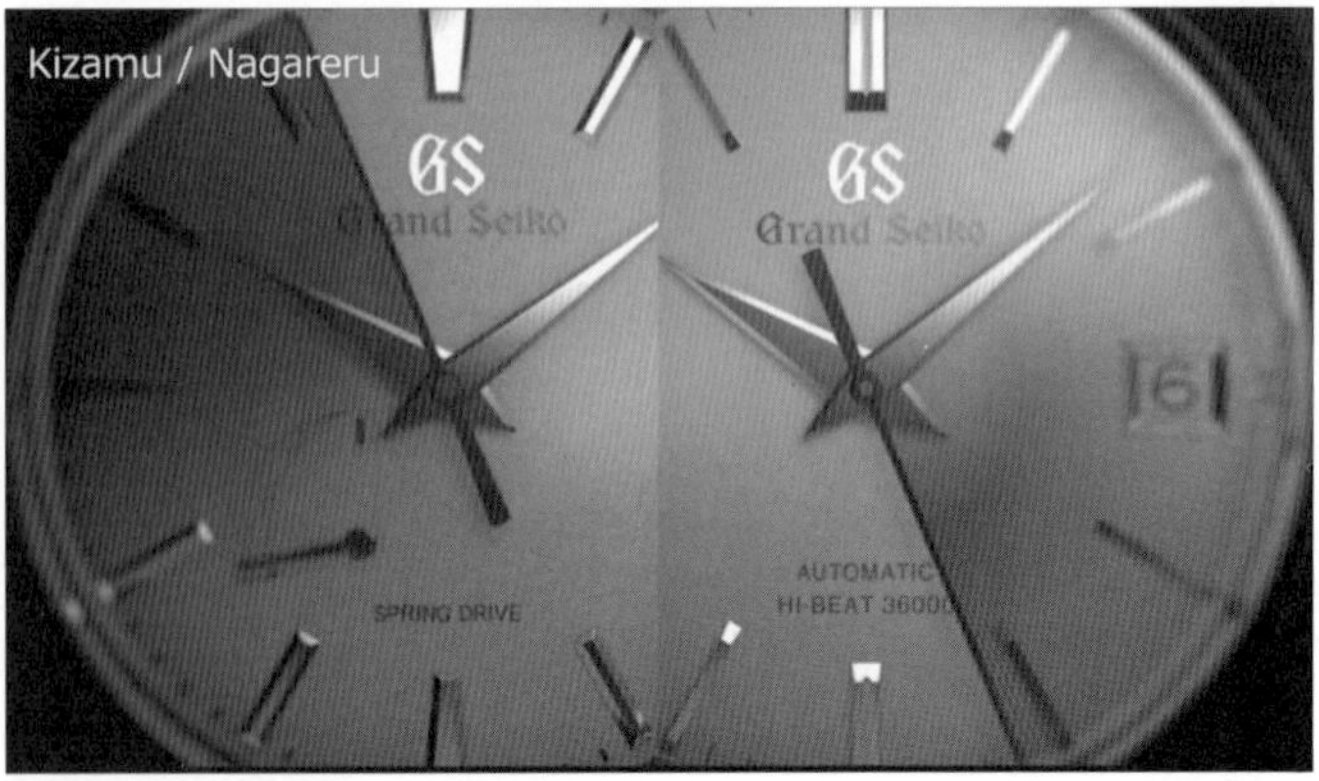

映像制作：阿部伸吾
提供：セイコーウオッチ

こういったような非常に情緒的な作品になっています。もう一個あります。Kizamu / Nagareru の映像をご覧いただきたいと思います。

（映像上映）

メカニカルのほうはステップモーションカメラを使って、スプリングドライブのほうは長時間露光かけっぱなしのカメラを使って、映像の対比の非常にきれいな情緒的なムービーです。

抽象的な「時って流れるものだよね」みたいな日本的なテーマなのですけれども、これは果たしてヨーロッパで受けるのか、理解されるのかということを本当に非常に心配していました。もし、駄目だったら会社でどう言おうぐらい思ったのですけれども。

で、どうだったかといいますと、これが本当に大盛況で、入場制限ができるぐらいの大盛況でしたし、私たちのつくったコンセプトの理解度が思った以上に高く、皆さん、「時は流れるものだよね」みたいなことを、さまざまな言語で褒めてくれるのです。ヨーロッパはすごいなと思ったのですけれども、やってみて本当に良かったという感じの1年目になりました。

そこにベンチみたいなものというか、軒下みたいなのをつくったのですけれども、ずっとそこに滞在していたりとか、皆さん、ＳＮＳの時代ですので、勝手に撮って拡散してくださるので、どんどんどんどん、どんどんどんどんどん人が増えていって、話題が話題を呼んで、最終日のころには本当にすごい人だったのです。

あと、これ（掲載省略）はトリエンナーレの館長さんですけれども、肖像権の都合上、いろいろ来てくださった人もお写真を出せないのですけれども、いわゆるインフルエンサーと呼ばれる人も聞き付けていろいろ来てくださって評価してくださいました。

媒体露出ですけれども、私のイラストがありますが（掲載省略）、もちろんうちの会社で仕込んだものもあるのですけれども、勝手にいろんなところが書いてくれました。プラスのスパイラルです。うちの会社がいつもお付き合いしているのは時計媒体、時計系の雑誌だけだったのですけれども、一番手応えがあったというか、良かったのは、いわゆる『Frame』とか、さまざまなデザイン系、クリエイター系の雑誌が大きく取り上げてくださったということが、非常にやった結果としていいポイントだったと思います。

ミラノデザインウィーク後のグローバルプロモーション

先ほどちょっとお話ししました、グローバルなプロモーションに落とし込むということで、どんなことしたかをちょっとお話しさせていただきたいと思います。

東京でいつも10月に行われている、東京デザインアートというイベントがあるのをご存じですかね。表参道、青山界隈でやっていますが、そこでそれを持って帰ってきて、3分の2ぐらいのスケールで凱旋展を行いました。それから12月ですね。アメリカに渡りましてDesign Miami、こちらのほうにもちょっと小さいスケールですけれども、出展しました。

アジアはタイですね。タイの大きなショッピングモールで行われましたデザインイベントにも出ました。

それから、使い回し大作戦ということで、本番のやつは12個オブジェが並んで巨大なスクリーンだったのですけれども、2個とか3個とかミニチュアキットを使って、時計の売り場とか、時計の大きな催事とか、そういうところに徹底的に使い回した、そういうアプローチをさせていただきました。

あと、クリエイターの吉泉さんにも出てきていただいて、トークショーをしたりとか、そんなようなアプローチをさせていただきました。

あと、これは全く予想していなかったのですけれども、うちの会社はプロダクト以外で賞をもらったことはないのですが、日本空間デザイン賞金賞とか、日本サインデザイン賞銀賞とか、あまりいつも全くご縁のないアワードもいただくことができました。

ということで、1年目を終了させていただいて、これは控えめに言って成功ということで（笑）。社内で1年やってみて、役員も何だか分からないけれども感性価値みたいなのを伝える意味があるねという感じに空気感が変わったのが、デザイン部にとっては一番の達成ポイントだったと思います。

ミラノデザインウィーク2年目：THE NATURE OF TIME

1年目、成功ということだったので、2年目はまあ出ていいのではないのみたいなところからスタートして、予算もいただいて、大変な答申等はなく、2年目はすんなりいったのです。けれども、当然同じことをやってもいけないので、どうステップアップしていくかというのが2年目の課題になります。

会場ですけれども、ステップアップポイント1として、会場をステップアップしてみました。1年目はトリエンナーレ美術館ということで、ここは大きな美術館です。ですからトリエンナーレ美術館では他の企業さんも一緒にやっています。例えば隣でパネライさんがやっていたりですとか、ほかの企業さんも一緒にやるような会場で、ほうっておいても集客できるのですね。トリエンナーレを目当てに来てくれるお客さんがたくさんいる。空間がイベントスペースみたいになっていて、何もない箱で借りられるので、インスタレーションを展開するには非常に便利なのです。

　そこをあえてグランドセイコーのブランディングのために高級ブティック街に移動してきまして、モンテナポレオーネ通りという本当にハイエンドなところに移動してきて、同じ美術館なのですけれども、その中にあるルネッサンス後期の大きな私邸というか、お城みたいなところを改造して、今、美術館にしているポルディ・ペッツォーリ美術館に移動してやりました。

　つまり、中に美術館本来の展示物がそのままある空間でいかにインスタレーションをするかという、ちょっと難しい道なのです。さらに単独開催ですので、自分たちで言わないと人は来てくれないということですが、あえて高級ブティック街に出ていくことを選んでの2年目の展示になります。テーマですが、テーマは昨年と引き続きスプリングドライブで、継続になります。1年経って、このあたりでうちの会社のグランドセイコーのグローバルプロモーション的にも、会社でグローバルに売っていくコミュニケーション・ワードというのをつくろうではないかということで、THE NATURE OF TIMEというのが固まってきたのです。

　けれども、NATUREという英語は、自然という意味と本質という意味と、実は2つあるのです。

本質という意味では、先ほどから再三申し上げている、腕時計の本質をばかみたいに愚直に追求しているグランドセイコーの機能的な価値の訴求というところがオーバーラップします。一方、自然という、いわゆるネイチャーという意味では、先ほどのスプリングドライブの針の動きもそうですけれども、自然の中で腕時計がどう美しく輝くかといったような、こういった感性価値とオーバーラップします。

そういうことで、この両輪の価値をグランドセイコーは持っています、ということを込めたスローガンといいますか、コミュニケーション・ワードがTHE NATURE OF TIMEということになります（図表1－20）。これを、ちょっと小さいですけれどもグローバル広告、ADにも使い出すようになってきました（図表1－21）。

ということで、2年目のテーマはTHE FLOW

図表1-20　THE NATURE OF TIME

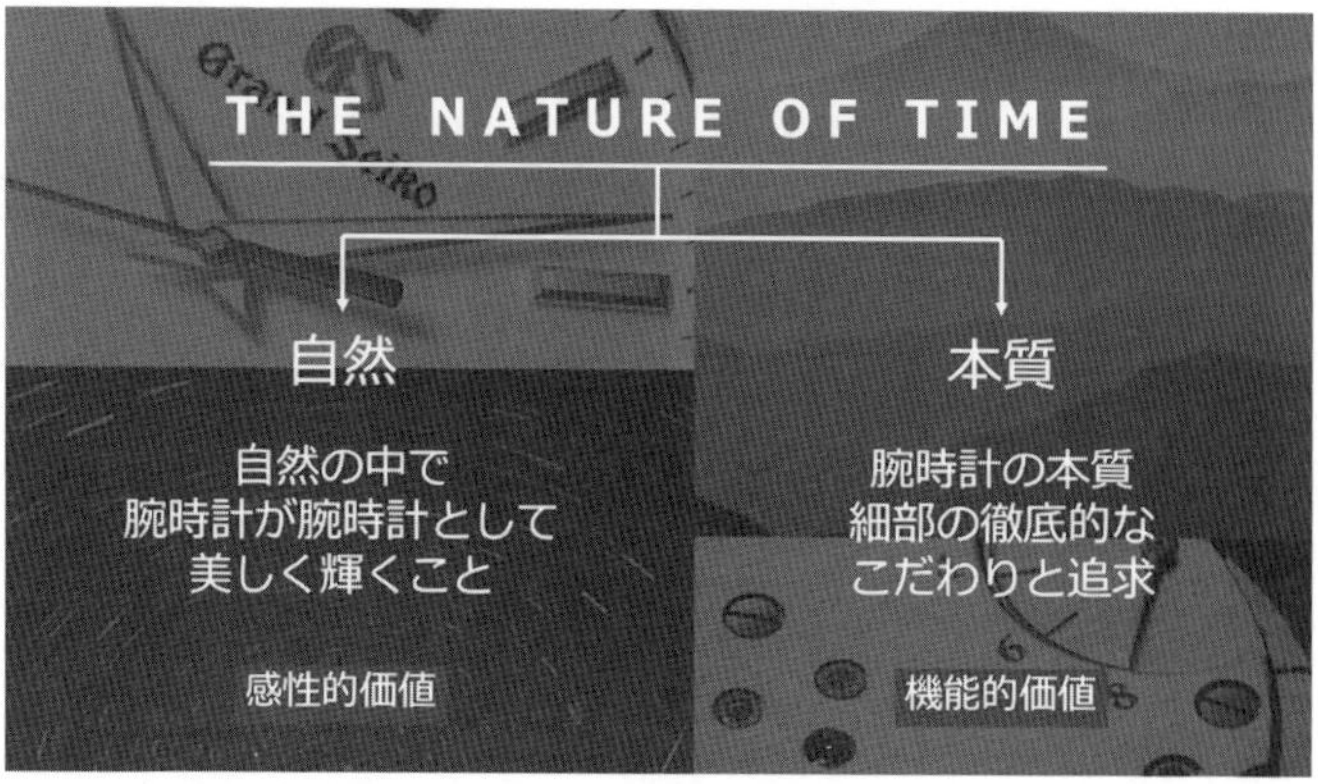

提供：セイコーウオッチ

図表 1-21　グローバル AD

提供：セイコーウオッチ

OF TIME 改め THE NATURE OF TIME になります。

これ（掲載省略）が2年目のインスタレーションと会場です。ルネッサンス後期の建物がごちゃごちゃとあるのですけれども、そこに和紙で衝立《ついたて》をつくるような形で、結界を張って、イタリアの中に日本があるという、そういうコンセプトで展開しています。

これ（図表1－22）は水を張った池なのですけれども、口で説明すると本当に分かりづらいのですが、簡単に言うと日本庭園みたいな池の中にオブジェがあって、ここにスプリングドライブのムーブメントが蓮《はす》の花みたいにツンツン立っている、というインスタレーションになります。

これ（図表1－23）が2年目のキービジュアルですけれども、上のこの等間隔の線は時の流れが一

図表 1-22　THE NATURE OF TIME（2019）

撮影：大木大輔
提供：セイコーウオッチ

図表 1-23　THE NATURE OF TIME（続き）

グラフィックデザイン：SPREAD
提供：セイコーウオッチ

定に流れているイメージを表していて、下のむにゅむにゅって流れているのは、人間、辛いときとか楽しいときとか、「時の流れというのはそもそも一定に感じられないよね」というようなことがコンセプトになっています。

スイープ運針のスプリングドライブを見ていると、あるときは長く感じたり、あるときは短く感じたりとか、正確な時を刻む時計としてのグランドセイコーなのですが、それを超えて何となく人の感情に寄り添うような、そういうアイテムになっているのではないでしょうか。そういうことを表現したキービジュアルになっています。

2年目のクリエイターですが、吉泉さんあらため、二人組の、この方たちも最近いろんなところでお名前を聞くようになりましたが、we+さんという方たちにお願いしました。映像は引き続き、阿部伸吾さんにお願いしています。

これ（図表1－24）が1つ目のwe+さんによるインスタレーションのFLUXという作品です。後で動画をお見せしますが、この液体の中、ぼやぼやぼやって光っているのですけれども、液体の中に光を照射するとぼわっと光る畜光性の高い粉が溶かし込んであるのです。上からスポットライトがぼっと時計のこのオブジェに当たると、この中に入っているLEDライトが同時にびゃっと光る。点滅する。その点滅によって、下の池の中に溶かしてある粉がぼやんと光ると、そういったインスタレーションになって、これによって時の流れというのを表現したインスタレーションになります。

図表1-24　FLUX

撮影：大木大輔
提供：セイコーウオッチ

それから、これ（図表1－25）は手で触れるインスタレーションですが、ガラスの球体の中にスプリングドライブのムーブメントと、さっきの水に溶かした光でぼわんと光る粉が入っているのですけれども、まさに小さいミクロコスモスが手の上に乗っかっているような、自分の手の上で本当にはかない時間が、一瞬で消え去るような小さい宇宙が手の中で体感できるような、そういった体感型のオブジェになります。

それから最後の映像がmovementという作品で、阿部伸吾さんですけれども、これはこの映像を見ていくと、自分が秒針の動きと一緒に世界にタイムトリップできるような、そんな不思議な感覚になるムービーになっています（図表1－26）。

ここで2年目のメーキング映像を見ていただきたいと思います。これは池の中の水に粉を攪拌中

図表 1-25　FLUX（続き）

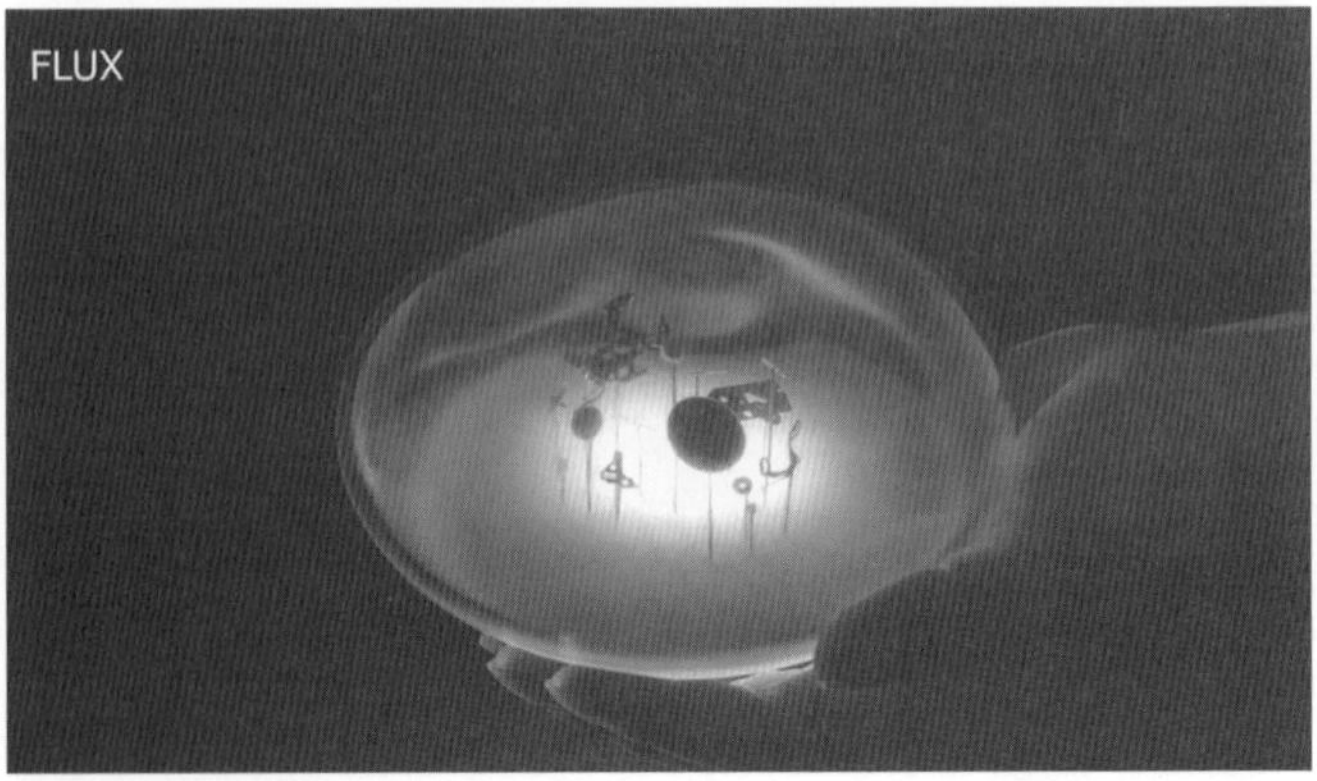

撮影：大木大輔
提供：セイコーウオッチ

図表 1-26　movement

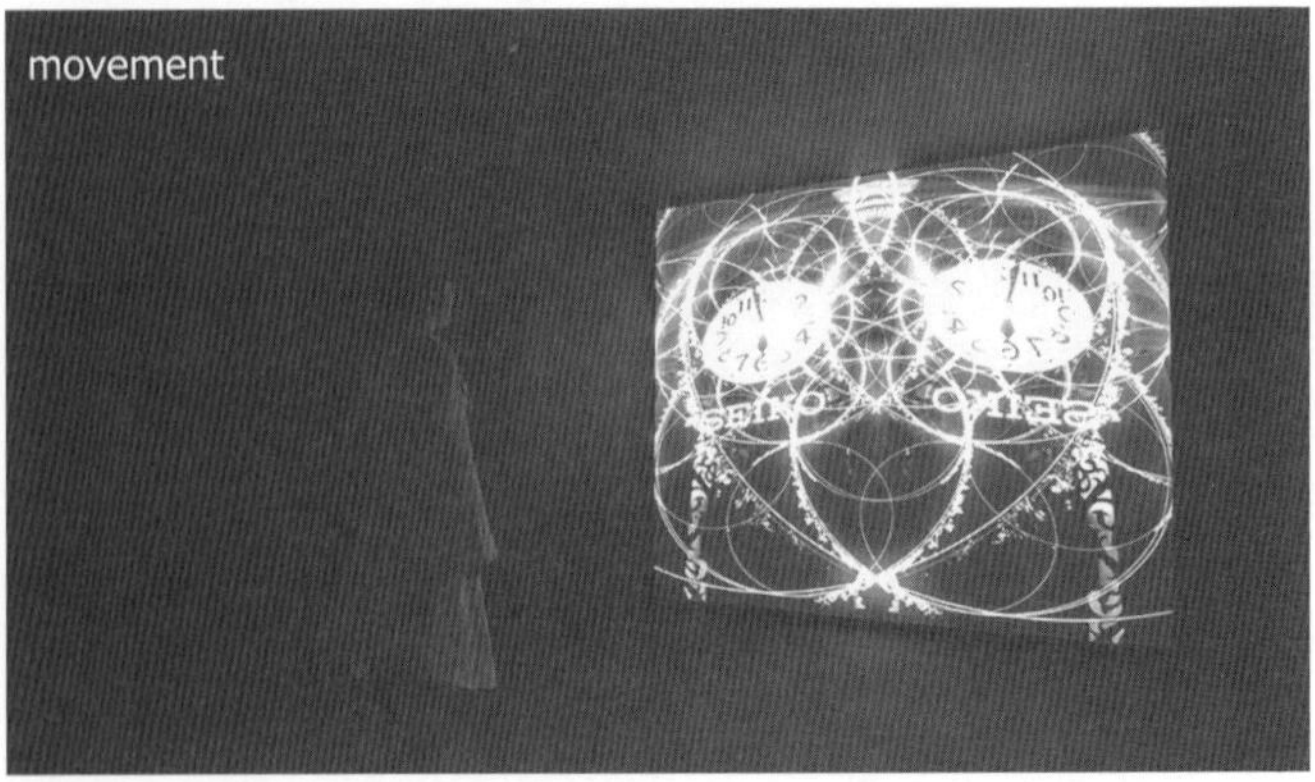

撮影：大木大輔
提供：セイコーウオッチ

です。沈殿してきちゃうので、たまにかき回したりしていると思うのです。

（映像上映）

土の中で光が点滅しているので、光ったときが明るくなって見えるのですけれども、カフェラテ状に液体が不思議な水の流れをつくっていて、何とも言えない時の流れを、これを見ていると体感できるインスタレーションになります。

（映像上映）

ということで、2年目ですけれども、2年目もおかげさまで大変好評でした。会場が1年目より狭かったのですけれども、たくさんの方に来ていただくことができました。メディアでの露出も、おかげさまで前年同様、多かったのです。これ（掲載省略）はうちの高橋社長が写っていますけれども、実はまだ全部集計が終わっていません。まだいろいろ出ているのですけれども、昨年より多分多いのではないかなということで、継続していくことでいいこともあるということですね。

今年（２０１９年）もワールドツアープロモーションを考えていて、10月の東京デザインアート、表参道あたりで開催することが決定しております（注：「THE NATURE OF TIME」東京展、２０１９年10月16日～20日、原宿ｊｉｎｇ）。皆さんぜひ、お時間あるようでしたら、不思議な気持ちになるインスタレーションですので、液体がびよーんと光るのをぜひ見ていただきたいと思います。

プロダクトデザインを軸とした感性価値の訴求

ということで、あらためまして今回のタイトルに戻ります。

技術力は高いけれども、口下手で困っちゃいますというのがセイコーという会社なのです。要は機能的な価値は、技術力とそういうのはいっぱいあるし、そこは自信があるのですが、縦軸の感性価値がないわけではないけれども、言うのに慣れていないないみたいなところをどうするか。じゃあ誰が言うかという問題なのですが。

うちのデザインの仕事なのですけれども、昔はこういったスペックとか、技術に合わせて時計の絵を描くというのがうちのデザイン部門の仕事だったのです。これはつまりプロダクトデザインです。

昨今では今のミラノデザインウィークにあるように、ここに込めたストーリーとか想いみたいな、いわゆる感性的な価値みたいなものをものに変換しましょう、さらにインスタレーションだけではなくてさまざまなものにデザイン側が中心となって、感性の価値の訴求にチャレンジしましょう、ということに会社の流れがなってきているのです。これを含めてすべてがデザインワーク、こういうふうに会社が拡大解釈してくれるようになってきました。

ミラノデザインウィークの出展のまとめになりますが、ブランドの感性価値の訴求を目的としてスタートし、「時は流れるものだよね」って言って、抽象的なテーマ、世界的に同じことを言い続けて、これはおかげさまで成功することができましたし、グローバルなトータルプロモーションということで、世界中でそれを伝えることもできました。また、広告で言うことはできない、勝手に皆さんがSNSなどで発信してくれるというような「レピュテーションマーケティング」みたいなものにもミラノデザインウィークの出展は貢献することができました。

さらに、うちの社内でのレベルの低い話ですが、広報宣伝部ではなくてデザインという部門が仕切ってそれをやったおかげで、デザインという集団は絵を描くだけではないのだなみたいな、あるいは、感性価値を伝えるのにデザインに任せておくといいことあるなみたいな、社内のプレゼンスも上がりました。今回のさまざまな媒体露出とか、いろんなことによって、セイコーのデザインのプレゼンスそのものが非常に上がったと、こういう二次的な効果がありました。その両面から、グランドセイコーもしくはセイコーのブランド価値の向上に一歩前進できたのではないかなという気持ちになっています。

最後に

ミラノデザインウィークの話はここまでなのですけれども、ここからはおまけです。

全くラグジュアリーなアプローチではないのですが、プロダクトデザイナーは最近、いろんなブランド発信をしています。そういう素材がありましたので今日お持ちしました。

エイプリルフールにいろんな企業が嘘をついているではないですか。うちも嘘をついているのですね。デザイン部でやっているのですけれども、これのご紹介をさせていただいて終わりたいと思います。２０１８年についた嘘がこれです。グランドセイコーから「忍者専用ウオッチ」新登場ということで、これは当然、嘘なのです（笑）。

何かといいますと、さっきのスプリングドライブのコアコンピタンスの音がしないとか、針がゆっくり流れるとか、振動に強いというのを逆手に取って、音がしないのだったら、忍者がしていても、天井に隠れていてもチチチチッて言わないので見つからないし、殺されない。また、速く動いても狂わないし、滑らかな秒針みたいなものも忍者の任務に最適ということで、いちいちミラノデザインウィークのコンセプトをひっくり返したような形でついた嘘になります。

本気でこれもデザインしました（掲載省略）。レディースのKunoichi（くのいち）モデルです（笑）。

いろんなところからご好評いただいちゃって、エイプリルフールなのに「これは売っていないか」とか、「欲しい」的な話にまでなりました（笑）。これって、完成度の高いデザインですね。Kunoichiモデルです。ところがスプリングドライブのムーブメントの女性用がないので、こっちはメカニカルになっているのですけれども、こちらはスプリングドライブになります。

今年（2019年）のものもご紹介します。「プレザージュ」という機械式時計のブランドがあります。これは日本の伝統工芸と一緒のものづくりをしていて、有田焼ですとか、七宝《しっぽう》焼とか、漆をダイヤルに使っているブランドです。そのプレザージュから有田焼ならぬ、「煎餅《せんべい》焼きダイヤル」登場というのが今年の嘘になります（笑）。

自分たちで自分たちをパロっているのですけれども、プレザージュの琺瑯《ほうろう》とか七宝のプロモーションビデオを煎餅にしてつくったというのが今年の嘘になります。動画もありますので、ご覧ください。うちのプレザージュの本物のパロディーですね。

（動画放映）

ということで、意外と低予算でつくっていて、さっきの煎餅職人はご協力いただいた某デザイングループというか、制作会社の。言ってもいいのよね。

【檜林（同行者）】　言ってもいいです。

【種村】　言ってもいいよね。サン・アドさんという制作会社のコピーライターで、サントリーの「水と生きる」という名作のコピーライティングをしたおじさんです。それがただで出てくれたという、こういうことになっております。

ということで、今日のお話は終わりです。

これ（図表1－27）はうちのデザインのホームページです。感性価値とかそういうことに非常に立ち遅れているセイコーという会社が、少しずつ感性価値の訴求に一歩、やっと前に進んできているところです。そこで発想的にも頭の柔らかいデザイン部というところが中心になって、さまざまなアプローチで今いろんなことをしていきますという例として、今日はお話しさせていただきました。

今、うちの会社は日本でいろんな感性価値の訴求のアプローチをしています。その中で、グランドセイコーの感性価値の訴求でミラノデザインウィークみたいなものにも出展しているという内容だけを今日はお持ちしました。

ありがとうございました。（拍手）

図表1-27　セイコー デザインのホームページ
「by Seiko watch design」

出典：https://www.seiko-design.com/

質疑応答

【司会（長沢）】　ありがとうございました。3年目、来年（2020年）もやるのですよね。

【種村】　やる予定で、今、動き出しています。

【司会（長沢）】　ミラノだから、4月中旬ぐらいですね（注：2020年2月、ミラノデザインウィークの開催を6月に延期することが発表された）。行きます。

【種村】　わあ、そうですか。楽しみです。

【司会（長沢）】　伺います。お約束します。

【質問者（近藤）】　近藤と申します。ご講演ありがとうございました。ミラノデザインウィークに参加されたということで、さらに今後の戦略をお聞きしたいと思います。例えばバーゼルワールドは、スウォッチグループが撤退を表明していたりします。今後のいわゆるラグジュアリーな時計のビジネスで、お客さまとつながりを持って、まさに感性の価値を訴求していくに当たって、何か次のステップに移るのかなという印象があるのですが、その他、何か考えられるところがあればお聞きしたいです。

【種村】　まさに時計業界の核心を衝くご質問だと思います。

　ご存じのとおり、バーゼルワールドというのは世界一の時計のトレードショーなので、新商品発表の場であり、なおかつそこで商談をする、本来のいわゆるトレードショーの場なのです。しかし、最近はトレードショーの場でも、なるべく自分たちのブランド・アイデンティティー、感性価値みたいなものをブースの中で訴えるようになってきています。例えば、ブライトリングが巨大な水槽を持ち込みましたとか、どんどん大掛かりな形でやってきていたのです。

世界中の時計メーカーが同じ場所に集まって、大きなだーんというイベントスペースみたいなところにブースを構えて、限られたスペースでアイデンティティーの表現と商談をするということは、お客さんからすると1カ所で済むし、みんな一緒にやってくれるので、こんないいことはないのです。けれども、だんだん本当にアイデンティティーを細分化、本当に自分たちのアイデンティティーを表現しようと思っていくと、同じところでみんな一緒にというのはかなり限界に来ていると思われます。

商談会というか、ものを売る商談の場だけだったら、あんな大掛かりなことは要らないし、逆に感性価値の訴求ですとか、アイデンティティーの訴求だったら、ミラノデザインウィークは極端なのですけれども、多分、バーゼルワールドでは中途半端になってきているということだと思うのですね。

そういうことで、しかも出展にものすごいお金を取るのです。バーゼルワールドというのは信じられないぐらいな参加費を取るのですけれども、だったらそんなバーゼル委員会にお金を出すのだったら、そのお金で自分でやるぜみたいな、そういう会社が各国で多く現れています。そういうことをしたほうが自分たちのアイデンティティーの表現が極めて際立っていくというふうに、だんだん、スウォッチグループだけではなくて、うちの会社も今いろんなこと考えているところです（注：２０１９年秋、セイコーウオッチは２０２０年バーゼルワールドへの出展中止を決定した）。

各社、そういう岐路に、ちょうど車のモーターショーも、時計のバーゼルワールドも、みんなそんなところに立っているのではないかなというふうに思います。

【質問者（近藤）】　ありがとうございました。

【質問者（中村）】　中村と申します。今日は貴重なお話、ありがとうございました。私、眼鏡の小売店の会社にいます。ですから、セイコーさんのフレームだったり、レンズとか、いつもお世話になっています。

【種村】　うちのオプティカルとか？

【質問者（中村）】　はい。そこで質問です。セイコーさん、企業名といろんな商品をお持ちになっていて、社名とブランドが一緒ではないですか。グランドセイコーではもちろん変えてらっしゃるのですけれども、それはいいところ悪いところそれぞれあると思うのです。おそらくそれに関しては一度、議論されてきたと思うのですけれども、その辺をどういう今、棲み分けをされているのか。

特にアジアに行く場合は認知が高いというメリットもある一方で、少し不利なところもあるのかなと思ったりもしますので、その辺のお話があれば聞かせていただければと思います。

【種村】　ブランドの制作上、先ほどのムービーにもあるとおり、庶民に広く、あまねくみたいな服部金太郎から育っている関係上、気が付くと下から上までものすごい守備範囲を持っていて、売った時計で一番高い時計は2億２０００万円まであるわけなのですよ。

時計が何にもしないで売れていた時代は、大量にブランドがあって、そのアレンジをさまざまなブランドで全方位でがっとあったのです。下から上まで。それでも全部売れていたので恐ろしいのですけれども、おっしゃるとおり、もうそういう時代ではない。その中で、皆さんのご研究、ラグジュアリーになるかは別として、グランドセイコー的な高い価格帯での戦い方と、そうではない中低価格帯の戦い方と、もしくはもっと下というのもあるのかもしれないです。

今、会社では戦い方を分けないと、ブランドの名前をどうするのかというよりも、見え方と戦い方を変えないといけません。

長沢先生もよくおっしゃっていますが、１万円のをつくっている一方で、50万円のもつくっているのでは、誰も欲しくないではないですか。実際、ものづくりも違いますし、かかわっているスタッフもデザイナーも違うのです。そんな中で、特に高いといいますか、グランドセイコーともう一つ、クレドールという薄くてドレスな、きれいな時計ブランドがあるのですけれども、そういった独立ブランド化して、高い価格帯に打っていくものの戦略が重要です。

具体的には、なるべくセイコーを忘れるということではないのですが、お客さまに分かりやすいように、高いところでのものづくりをしていますとか、アプローチも含めて何もかも格を大切にするとかです。さらに、嘘は言っていないのですけれども、下のブランドとは思想もつくり方も、中に入っているものも素材も何もかも、アフターサービスも全部違うのですというふうに今、切り分け戦略をスタートしているところです。

正直、その下のセイコーブランド、12時位置にSEIKOというマークが付いて、6時位置にはさっきのプレザージュならPRESAGEというマークのように何とかかんとかって、入っています。プレザージュもそうですけれども、セイコーの中にまだ大量にブランドがあるのです。けれども、そこの差別化戦略というのは、これはまたちょっと別の問題です。「いいじゃん、セイコーで」という考えもあるし、そうは言うものの、細かくブランドで分けるという戦い方もあるのですが、今うちの会社はセイコーの旗のもと、一応サブブランドで幾つかいっぱいあるやつを整理して、幾つかに絞ってそれで勝負するということに今なっています。

その中のサブブランドでさらにプレザージュはプレザージュ、先ほどの宣伝のやつですけれども、それぞれのキャラクター分けをして、オリジナリティーを出して、差別化していく戦略というふうになっています。大きく2つの次元でハイレンジのものとその他で大きく分ける。下のほうは下のほうでそれぞれキャラクターの独自性を出すというようなことで、戦って世界に打って出ようかなというところになっています。それで答えになっていたでしょうか。

【質問者（中村）】　ありがとうございました。

【司会（長沢）】　ほか、いかがですか。今の関連で、そもそもグランドセイコーはラグジュアリーを目指すというのは決定事項でしょうか。

【種村】　ラグジュアリーという単語がどういう解釈かによって、目指していますと言っていいのかどうか。毎日、言葉は生き物なので、ラグジュアリーという位置付けがだんだん俗化してきている。日本の中でラグジュアリーという言葉が俗化している今日このごろ、素直に「はい」とは言えないのです。それでも、差別化された中で価格帯的にも、扱っていただくお店もセグメントした極めて特定のクオリティーよりも上のディストリビューションしてくれるところに限定して、もしくはものづくり的にもある一定の上のところの集合体をラグジュアリーと呼ぶのであれば、それは決定事項です。

【司会（長沢）】　そうですか。日本発のラグジュアリーとして期待しています。

【種村】　なので、なるべくそれにそぐわないものをどうするか。例えばグランドセイコーでもメカニカルのファンの長沢先生はクオーツがお嫌いのようですので（笑）、「クオーツをやめちゃえ」ということまで言っているのか分からないのですけれども、過渡期の中で中途半端なプロダクトがいたりするわけです。

　説明がつかないやつとか、そういうのは「なかったことにする」とか（笑）、そういうことも含めて整理しながら、きちんとグランドセイコーのファンになってくださる方に対して、ブランドとしてお応えしつつ、裏切らない方針です。アフターサービスとかもそうだと思うのですよね。接客とかもそうだと思います。もちろんデザインもそうですよね。そういう体制を整えつつある。

来年、グランドセイコーは還暦を迎えます。60歳なのですね。60年回って、次の60年に向かってスタートすべく、今、頑張っているところです。

【司会（長沢）】　はい。力強いお答えが聞けて嬉しく思いますが、聞けたついでに、それはどういうタームでしょうか。1年、3年、5年、10年、20年、どういうタイムレンジで目指すのでしょうか。

【種村】　大きなターニングポイントは、独立ブランド化した2018年で一定のところは終わっています。ここにグランドセイコーが来たというところで独立ブランドなのですけれども、その後、いろいろものづくり、例えば本当にハイエンドなものしかつくらない工房でしかつくらないとか、いろいろインフラとか人の問題とかもそろえつつ、自信を持ってグランドセイコー、ラグジュアリーって言葉は使いたくないのですけれども、世の中に恥ずかしくない、世界、日本で唯一の時計ジャンルではそういった高級品のブランドですって言い切れるようになれるのは、3年ぐらいのスパンで大きなムーブメントがあるのではないかなと思うのです。

これはあくまで私の私見ですし、客観的に社内の動きを見てですが。

【司会（長沢）】　3年ぐらいということは、種村部長がその中心になるのでしょうか。

【種村】　それはサラリーマンなので全然分からない（笑）。

でも、グランドセイコーを持っていて良かったなってぜひ思われるように、今、頑張っています。

【質問者（野村）】　野村と申します。本日はどうもありがとうございました。一つ、単純に興味があって伺いたいのですけれども、クオーツの仕組みをハイブリッドで取り入れたことによって、クオーツは１秒毎の動きなのがスプリングドライブにすると無段階になるよということでした。しかし、どういう理屈というか、仕組みが分かりませんでした。そこをまず一つ教えてください。

【種村】　クオーツは針の１秒間に動く信号を、物理的にクオーツ振動子の３万２７６８回をＩＣで転換して、針の動く中心の真ん中のところに直接信号を送っているのですね。３万２７６８分の１回、パルスを送っているのです。なので、当然、１秒間に１回６度ずつ動くのですけれども、スプリングドライブで水晶を使っているのは、そこの中心に送っているためではなくて、中心の針の動きを制御する電磁ブレーキというブレーキをかけているのです。全面的にびよーんってほどけてこないように、遠くから遠隔操作で接触しないブレーキをかけているのです。

　それが、リニアモーターカーみたいに浮いているのです。物理的に接触しないブレーキを遠くからスプリングドライブ、針の中心に送ってセーブしているのですけれども、そのブレーキの制御にクオーツを使っているだけであって、針の動きに実は電磁ブレーキが制御しながら動かしているということは、接触しないので、チッチッチと刻まない。

　本当は厳密に言うと、ナノテクノロジーの世界でいくと、めっちゃ細かく刻んでいるのです。原理的には。でも肉眼でも見えないし、言ってもしょうがないぐらいのレベルで刻んでいるのです。それによって音もしないし、接触しないから音がしないのですね。なおかつ、流れるような秒針の動きが実現したということになります。

【質問者（野村）】　ありがとうございます。もう一つ質問です。先ほど、最後のほうに機能的価値とか本質的価値、技術はあるけれども口下手という、日本の企業の特徴みたいなことがあるっておっしゃっていました。それって伝統工芸とかも含めて、みんなそうだと思うのです。

そんな中で、セイコーさんがそれを今、一歩踏み出して変えていこうって思われている動機というか、ポイントというか、なぜそういう動きができるようになったかということを教えてください。あるいは、今そういうことができていない会社に対するアドバイスみたいなものがあればいただきたいなと思います。

【種村】　本当に遅れているのです。ターニングポイントとしては、いろんなところで感性訴求とかエモーショナルとか何とか、そういうことしないとものが売れないというのが周知の事実になってきていました。やっぱり経営陣がそれに気付き、広告なり、ものをつくっている管理職級が急速にそういうことをみんなでやろうではないかというふうに、3年ぐらい前からシフトチェンジしたというのがターニングポイントになっています。

横軸の機能的な価値もないのに、はったりだけで感性価値を言うというところもあると思うのですよ。イメージ戦略という名のもとに成功しているところもあると思います。けれども、うちのポイントとしては、横の機能的価値が本当に強すぎちゃって、そこを素直に売っていれば、ものが平気で売れていた時代が長くあったというのが問題で、それがリーマンショック以後、急速にそれじゃ売れなくなっちゃったのですね。

やっぱりほかにもう一つ、時計というアイテムがなくても良くなっちゃったからだと思うのです。スマホがあれば時間は分かるし、アップルウオッチとか、ああいったコンビニエンスとか、テクノロジー的なものを前面に出したアイテムが来たりしました。そもそも若い方にとって、時計は手にしなくたっていいというアイテムになっちゃったのです。このときに、じゃあ何でわざわざ時計を買って腕にするのかという説明をお客さまにするとか、時計を買って手にしたほうがいいよという訴求をするときに、便利ですとか、精度がいいですとか、狂いませんというのは全く響かなくなってきちゃったのだと思うのです。

格好いいよというのはすごく表層的なので抵抗があります。けれども、それを例えばさっきみたいに、愚直に４００部品、職人が1個組むのに1カ月掛かって組んでいるのですよとか、世界に1個しかないのですとか、いろんな言い方があるのですけれども、そういった便利だとか機能的に狂いませんという以外の、時計のそもそもの目的ではないアプローチをしないといけません。そもそも時計というアイテムそのものが要らないものになったということです。なので、未だに日差±何秒というレベルで狂っても機械式が好まれるとかは、それがスイス勢の上手なところだとは思います。

【質問者（野村）】　じゃあ結構、そういう時代とか必要に迫られてターニングポイントがあって……。

【種村】　そうですね。社会的な背景とかですね。おそらく今まで通り、このまま売れていたら、こんなことにはならなかったと思うのですね。時計って。

【質問者（野村）】　ありがとうございます。

【司会（長沢）】　感性に訴えることが大事だと、私の代わりにこの「感性産業&ブランディング論」の授業を締めくくっていただいたように思います。

【種村】　何か質問とか、皆さんはブランディングの専門家でいらっしゃるので、グランドセイコー、そんなにいいものだったらこういうアプローチがあるのではないかとか、何でもいいのでご意見とか、「遅れているよ、おまえ」みたいなお叱りでもいいので、いただけたらできる範囲でお応えしたいと思います。よろしくお願いします。

【司会（長沢）】　はい。どうもありがとうございました。

今日は、セイコーウオッチ株式会社 デザイン部長兼高級品ディレクター 種村清美様に貴重なご講義をいただきました。最後に感謝をこめて拍手をお願いします。どうもありがとうございました。

（拍手）

〔注〕

◆ピエール＝イヴ・ドンゼ著、長沢伸也監修・訳、早稲田大学ビジネススクール長沢研究室共訳『「機械式時計」という名のラグジュアリー戦略』世界文化社、２０１４年

◆ルアナ・カルカノ、カルロ・チェッピィ共著、長沢伸也・小山太郎共監訳・訳『ラグジュアリー時計ブランドのマネジメント―変革の時―』角川学芸出版、２０１５年

◆長沢伸也・西村修共著『地場産業の高価格ブランド戦略―朝日酒造・スノーピーク・ゼニス・ウブロに見る感性価値創造―』晃洋書房、２０１５年

◆長沢伸也編著『ラグジュアリーブランディングの実際―3・1 フィリップ リム、パネライ、オメガ、リシャール・ミルの戦略―』海文堂出版、２０１８年

◆長沢伸也・坂東佑治共著『ハイエンド型破壊的イノベーションの理論と事例検証―リシャール・ミル、トーキョーバイク、ホワイトマウンテニアリング、バルミューダのブランド戦略―』晃洋書房、２０１９年

第2章

工場直結ファッションブランド「ファクトリエ」

—メイド・イン・ジャパンを世界ブランドへ—

科目名：感性&ファッション産業論

日　時：２０１８年７月28日（土）10時40分～12時10分

会　場：早稲田大学11号館９階９０３号室（馬蹄形教室）

講　師：ファクトリエ代表（ライフスタイルアクセント株式会社 代表取締役）山田 敏夫

司　会：ＷＢＳ教授、早稲田大学ラグジュアリーブランディング研究所長　長沢 伸也

医療法人社団美人会 事業推進部部長　和田 直顕

〔会社概要〕

名称	ライフスタイルアクセント株式会社
創業	2012 年
事業内容	メイド・イン・ジャパンの工場直結ファッションブランド「Factelier（ファクトリエ）」の展開
所在地	本社 熊本県熊本市中央区手取本町 4-7

〔講演者略歴〕

山田 敏夫（やまだ としお）

ライフスタイルアクセント株式会社 代表取締役
ファクトリエ 代表

1982 年熊本生まれ。
1917 年創業の老舗婦人服店の息子として，日本製の上質で豊かな色合いのメイド・イン・ジャパン製品に囲まれて育つ。大学在学中，フランスへ留学しグッチ・パリ店で勤務。
2012 年 1 月，ライフスタイルアクセント株式会社を設立し，同年 10 月に「ファクトリエ」をスタートさせる。
経産省「若手デザイナー支援コンソーシアム」発起人，毎日ファッション大賞推薦委員。著書『ものがたりのあるものづくり ファクトリエが起こす「服」革命』（日経 BP 社，2018 年）。

【司会（長沢）】　今日は、メイド・イン・ジャパンの工場直結ファッションブランド「ファクトリエ（Factelier）」を展開するライフスタイルアクセント株式会社　代表取締役　山田敏夫様をお迎えしております。

それでは山田代表、よろしくお願いいたします。

（拍手）

【山田】　ファクトリエの代表の山田です（図表2－1）。月の半分以上は地方の工場を回っています。本社は熊本にあり、今日はこの授業のために東京にやって来ました（笑）。

【司会（長沢）】　ええっ、ごめんなさい。

【山田】　いえいえ、大丈夫です。今日は少しでも皆さんにとっても有益な情報をお渡しできたらいいなと思っています。

最初に一つお伝えするとすれば、ぜひ聴衆で

図表2-1　ファクトリエ　山田敏夫代表

提供：ファクトリエ

あるみなさんも参加していただきたい。リアクションは非常に重要で、この場を一緒に作るくらいの気持ちで臨んでもらえたら嬉しいです。元来、私は「期待する・される」というのが苦手なんですよね。よく「講義を期待しているよ」という方がいますが、「期待する」ってある意味、押し付けの言葉で、ちょっと危険な言葉だと思っています。期待した時点で、自分から離れちゃうんですね。ですので、期待するではなく、「できることは何？」というスタンスを大切にしています。

ですので、みなさんが「できること」とは、良いリアクションをとること。冒頭にお伝えした通り、聴衆こそ、場を盛り上げる大切な役割を担っていますので、一緒に良い1時間にしていきましょう。ぜひ、よろしくお願い致します（笑）。

「ファクトリエ」とは？

ファクトリエは、「日本の工場と一緒に洋服を作り、販売しているブランド」です。

ちなみに、今日参加してくれている皆さんの中で日本製の洋服を着ている方はどのぐらいいらっしゃいますか？　ほとんどいませんね……。

また日本製を着ている方の中で、「誰が作っているか」までご存知の方はいますか？

そもそも大多数の方が洋服を選ぶ時の基準は、「ファッション性」か「経済性」で選ばれていますよね。トレンドやロゴ、デザインは「ファッション性」であり、ファストファッションなどは「経済性」で支持されていると思います。

そんな中、私は、第3の購入判断軸として「作り手の想いで買う」というものを作りたい。今はどうでもいいと思われている、この「第3の軸」をスタンダードに押し上げていきたいと思い挑戦し続けています。

そのため、ファクトリエのミッションは「語れるもので、日々を豊かに（＝作り手の想いで洋服を買う）」で、ビジョンは「世界一のクラフトマンシップの伝え手となる」です。ファクトリエに携わる全てのメンバーがこのミッション、ビジョンを大切にして、毎日生きています。

今日のテーマは、「どのようにブランドを創っていくのか」ですので、これまでのファクトリエの軌跡を話し、皆さんと一緒に考えながら進めたいと思います。ファクトリエ自体、まだまだ大きなブランドではありません。それでも、「語れるもので、日々を豊かに」そんなライフスタイルが最高だと心底信じ、そんな世の中をつくれるよう挑戦しています。

長沢先生からはファクトリエを取り上げていただいた「ガイアの夜明け」や「カンブリア宮殿」などのテレビ番組を流したらと提案いただいたのですが、せっかく私がいますので、番組は全く流さず、直接すべて伝えたいと思います。

【司会（長沢）】　いえ、台風が直撃しそうでしたので、飛行機が遅れて社長が来られないときには、「カンブリア宮殿」を流そうかという……。

【山田】　それも寂しいなと思ったので、ちゃんと来ました（笑）。

老舗洋品店の息子が、パリで学んだこと

自己紹介をしますと、私は熊本の洋品店の息子です（図表２－２、図表２－３）。２０１７年に１００周年を迎えたのですが、下通商店街という商店街にお店があるんです。部活がない日は店番するという典型的な商店街のセガレでした。良い経験だったのは、長く使える日本製の仕立ての良い服に囲まれて生きてきたことです。また、「あの人から買いたい」は最強だなとも感じました。どんなに近くにショッピングセンターができても、両親のお店は残っています。きっとみなさん、「店長である母に接客してもらいたい」のだなと感じました。

20歳の頃、フランスに留学しました。ただ、留学した初日に地下鉄でスリにあい、一文無しになったんですね。大学からの交換留学ということで留学していましたので、寮は確保できるものの生活費が足りない。そこで働く場所を探しました。日本食レストランや市役所の案内係など様々な仕事に応募しましたが、すべて不採用。30店舗以上ブランドショップに手紙を書き幸運にもグッチ・パリ店に

図表 2-2　山田代表の家業である老舗洋品店「マルタ號」

提供：ファクトリエ

図表 2-3　山田代表は熊本の洋品店の息子

提供：ファクトリエ

拾われました。地下のストック整理要員が足りていなかったそうで、フランス一のファッション街、サントノレ通りのグッチ・パリ店で働けることに（図表2－4）。華やかな世界のように感じるかもしれませんが、現実は一日中、地下の薄暗いストックルームで作業をしていました。

仕事は大変でしたが、このグッチで働いた時に、私の人生に転機が訪れます。それは2つのことに気づいたからです。

1つ目は、当時の同僚に「なぜ日本には本物のブランドがないんだ」と言われたこと。「エルメスもグッチも、ルイ・ヴィトンも全ては工房（ものづくり）から生まれている。なぜ日本はメイド・イン・ジャパンではなく低価格のアジアに生産を移行し、表層的なブランドばかりを作っているんだ」と言われ、ドキッとしました。

図表 2-4　グッチ時代の山田代表

提供：ファクトリエ

その時に強く、日本から本物のブランドを作りたい！と思いました。

２つ目は、「価値づくり」について。パリから2時間ほど車で行ったところにあるブドウ農家の平均所得がフランス国内でも有数に高かったことです。熊本にある農家の平均所得が東京より優っているということは残念ながらありません。それなのに、フランスのブドウ農家で働く人はパリの所得よりも高い高給取りが多かったのです。シャンパーニュのブドウ農家で、「価値」について考えさせられました。

創業は資本金50万円、倉庫の片隅を借りて／メイド・イン・ジャパンはわずか３％

最初にお伝えしておくと私は起業したくて起業したわけではありません。他に、ファクトリエのようなミッション・ビジョンを持っている会社があったら、迷わずそちらに入社していたと思います。きっと受講生の皆さんは大企業で新規事業に携わられていたり、将来起業を検討している方もいらっしゃると思います。ですので、あまり参考にならないかもしれませんが、私は仕方なく、しぶしぶスタートしました。２０１２年、資本金は50万円で自分への給与は０。倉庫の片隅のひとつの机を借り、週末はアルバイトしながら、貯金を切り崩して始めました（図表２－５）。

ファッション業界を取り巻く様々な環境変化やファストファッションの台頭により、メーカーはコストの低い海外生産にシフトしていきました。その結果、国内におけるアパレル品国産比率は１９９０年の50・１％から２０１４年にはついに３・０％まで減少してしまいました。事業所数においても４分の１以下までに減ってしまっています（出典：日本繊維輸入組合「日本のアパレル市場と輸入品概況」）。

さらに構造的な問題として、工場で商品が生み出され店頭に並ぶまでに、商社や卸等の中間業者が介在し、メーカーが低価格な商品を好めば好むほど、そのしわ寄せが工場にきてしまっている現状もあります。結果、工場は過剰な原

図表 2-5　ファクトリエ最初の出荷

提供：ファクトリエ

価抑制を強いられ利益率が悪化し、倒産や人員削減が続いています。

シャツ工場「ＨＩＴＯＹＯＳＨＩ」との出会い

もちろん、現実は全く甘くありません。下請けとして苦しんでいる工場が自社ブランドをつくるというのは体力がいることですし、これまで前例がありません。飛び込んで訪問した50を超える工場に断られ続け、果たして工場にとって良いことなのだろうか？と夜行バスに乗りながら悩みました。それでも、これは私自身がやりたいことなのだと自分を鼓舞し、工場訪問を続けました。

そんな中、最初に提携していただけたのは熊本県人吉市にあるシャツ工場、「ＨＩＴＯＹＯＳＨＩ」さんでした。２００９年に親会社からＭＢＯした同社が、ＨＩＴＯＹＯＳＨＩシャツを一緒に広げていこうと握手してくれたのです。世界80ブランドのシャツを手掛ける同社で生産することができ、非常にうれしく思いました。同社代表の吉國社長、竹長工場長には、シャツの知識ゼロのところからお世話になり、感謝しかありません。いまでも工場を訪問する際には各ラインのリーダーである馬氷さんや前田さん、今井さんと楽しく交流をしています（図表２－６）。

「ＨＩＴＯＹＯＳＨＩ　オーダーシャツ」の他のオーダーシャツとの大きな違いは、袖とボディ（身

図表 2-6　2012 年 8 月，HITOYOSHI にて

提供：ファクトリエ

頃）の縫い合わせ方。ボディ横の縫い目と袖の縫い目が、脇の下で数センチずれています。この縫い方は「セットインスリーブ」と呼ばれ、主にスーツジャケットに採用されている仕様です。人の腕は地面に垂直に下がっておらず、少し前に振れています。そのため、腕を立体的に包み込む「セットインスリーブ」なら、腕の動きと同じように袖が前に振れ、腕の上げ下げが非常にスムーズで楽になるんです。

また、同年12月に提携したのは京都・丹後にある１９３６年創業の絹織物工房「ＫＵＳＫＡ」さんでした。ここでは熟練職人でも一日３本しか作れないという手織りのネクタイを製造。東京に出張に来ていた代表の楠泰彦さんの宿泊するホテルに押しかけ、提携にこぎつけました。絹織物の名産地・丹後で作る職人によるハ

ンドメイドのネクタイは、糸づくりから染め・手織り・商品完成まで、職人によるハンドメイドにこだわって作ったネクタイ。ハンドメイドのネクタイの特徴は、上品な光沢感とふっくらとした生地感です。ジャケットを着ているとき、その印象を大きく左右するＶゾーン。ふっくらとしたネクタイは、上品で品格のある印象に演出してくれます。古い手織りの織機だからこそできる味わい深いネクタイは他では見られない品質です。これで、シャツとネクタイが揃いました。

行商してシャツを売り歩く

ただ、ファクトリエはアマゾン（Amazon）や楽天では販売していません。ファクトリエの自社ＥＣ（インターネット販売）サイトでしか販売していませんので、始めた当時は誰も知らないんですね。そのため、毎日アクセス数は１。私しか見ていない日が続きました（笑）。

そのため、なんとか売上をつくろうと、行商しなければいけなかったのです。トランクにシャツを詰め込んで、いろいろな所を回りました。シャツを制服として使っているところであれば買ってくれるのではないかと考え、ホテルやタクシー会社など、どこにでも行きました。ところが企業制服は極めてコスト重視なので単価が合わず、どこも採用してくれませんでした。公園でタバコを吸っているサラリーマンに売りに行ったことも一度や二度ではありません。

そんななか光明が見えたのが、企業向けに無料で開催する「着こなしセミナー」で、セミナー後に販売会をさせていただきました（図表2－7）。こうして一年、二年と行商を続けていくうちに、少しずつECでリピートされるようになってきます。ここがある意味、ブレークスルーかもしれません。

ボランティアの「7人の侍」たち

創業して2年半、社員は私一人だけだったんです。それでも、7人のボランティアが手伝ってくれました（図表2－8）。今も創業メンバーとして働いてくれている小林正樹、日下部純一、山岡真由子、南瑛一郎はその頃からのメンバーです。彼らが出勤するのは夜か週末。週末には私のアルバイトがありましたので、彼らと入れ替わりで指示を出していました。「お前がバイトに行くのかよ（笑）」と笑われましたが、生活のためにはそんなリズムで生きていましたね。

【受講生】 創業時、売れなくてリスクを考えたことはありませんでしたか？

【山田】 そうですね、毎日「おれ大丈夫か？」と考えていました（笑）。

ただ、リスクって、「やるリスク」と「やらないリスク」があることに気がついたんです。もう少

図表2-7　企業向けに無料で開催した「着こなしセミナー」

提供：ファクトリエ

図表2-8　ボランティアの「7人の侍」たち

提供：ファクトリエ

しわかりやすく言うと、「やるリスク」って計算できるんですよ。新規事業でも、転職するでもいい。例えば、大手からベンチャーに転職するとき給料が減るとしたら、この挑戦でいくら減るかって計算できるじゃないですか。リスクって実は計算できるんです。転職で失敗したら、もとのレールに戻ればいい。一度、乗っていた列車から降りても、必ず次の列車は来ますから。むしろ経営を経験したことで良い座席（ポジション）の仕事を任されるかも。

さて、やらないリスクって何かっていうと、後悔なんです。高齢の方の約半数は「あのとき、あれをやっておけばよかった」と後悔されていると聞いたことがあります。つまり、後悔するか・しないかを決めるのは、成功という結果ではなく、やったかどうか（行動したか）だけなんですよ。つまり、人生台無しにする可能性もあるので「やらないリスク」のほうが、やるリスクなんかより大きいわけです。もう計算なんてできない。

ビジネスモデルについて

ファクトリエはインターネットで服を売っています。簡単に言うと、野菜の産直みたいなことを洋服でやっているんですね。商社とか、アパレルとか、卸とか、こういった３つから４つあった中間流通を全部なくして、直接販売しています（図表2－9）。特に、中間にいる方が価値がないという意味ではなく、私たちのミッションである「語れるもので、日々を豊かに」を実現するためには直接工場とつながることが求められるからです。

私たちの特徴は、セールをせず、宣伝広告費はほとんどかけてません。そのため、非常にピュアな形で届けています。もちろん、原価が高いので店舗をたくさん持つことができませんので、インターネットを利用しています。

【受講生】　どのくらいの工場とお付き合いがあるんですか？

【山田】　これまで全国各地600以上の工場を訪問し、55の工場とお付き合いしています。だいたい年に100ぐらい回るんです（図表2－10）。ただ、ほとんどの工場はホームページを持っていないので、探すのが大変で（笑）。ちなみに、何でホームページを持っていないかってわかる人いますか？

【受講生】　囲い込みがされていた。

【山田】　確かに、それもありますね。正解です。他いかがです

図表2-9　ファクトリエのビジネスモデル

提供：ファクトリエ

図表2-10　全国各地600以上の工場を訪問

提供：ファクトリエ

か？

【受講生】　情報、特殊な技能とかが流出するのが怖いから。

【山田】　技術がそこでオープンしちゃうと流出しちゃって、それをどこかが特許取ったりとか。確かに、それも正解でしょう。他にいかがですか？

【受講生】　イメージと現実が違うからですか。きっと現実は、あまり労働環境の良くない途上国とかで作っていたりするので。

【山田】　そうですね、それもあると思います。世界的に見ても、工場情報をオープンにするっていうのは一種のタブーだったんです。詳しくは1999年に発売されたナオミ・クラインさんの「ブランドなんかいらない」で書かれているのですが、ブランドは理想を売っており、現実は労働搾取（低賃金や児童労働など）が行われている。

その現実を見せると消費者は購買意欲を無くしてしまうから、ブランドと工場の間には「このブランドを作っています」とは絶対に言えない「守秘義務契約」が存在することを暴露しています。

価格は、工場が決める

工場にとってイノベーションを起こしたことは、たった２つです。

１つ目が、絶対に表に出してはいけなかった工場の名前や住所など工場情報をサイト上でオープンにしました。そして、すべての商品に工場の名前を付けたんです。誰もが見る「ネーム」に工場の名前が書かれています。これをやったことで工場に何が起こったかというと、誇りを取り戻されたんですね。今までＦＡＸが送られてきて、いつまでに何着作れという指示しか書かれなかったのが、自分たちの名前が出るというのは、自分たちが主役になる。

２つ目に、工場の名前をオープンにすることと同時に渡さなければいけなかったのは価格決定権。これまで常識とされてきた「希望小売価格」を捨てて、「希望工場価格」にしたんです（図表２－11）。工場に、「自分たちの名前が出るからこそ、一番いい素材で一番いい物作りをしたい」と言われたんです。本来、希望小売価格って重要じゃないですか。マーケティングの４Ｐの中でもプライスは一番

図表2-11　価格は工場が決める

提供：ファクトリエ

重要なわけです。いくらで売るのか？って。それを放棄するわけなので。

私たちがやっていることは、かなり非常識なんです。希望小売価格を捨てて、希望工場価格にするし、セールもしないし、有名なモデルに高いお金を払って着てもらうこともしない。少しだけ脱線しますが、「（ビジネスにおける）常識って何か」というと、昔誰かがやった成功体験を思考停止して同じことを繰り返しているだけなんです。組織上こうなっているからとか、他者が、業界的にこうしているからとか、思考停止して考えていないんです。常識という道をAとしたら、別にBという道もCという道もDという道もあるわけですね。

１０００日間、１０００通の手紙を書く

【受講生】　創業時、２年半、一人だったとおっしゃっていましたが、よく心が折れませんでしたね？

【山田】　いやいや、いつも折れそうでしたよ（笑）。ただ、自分が行動することで、少しずつ心を強くしていったんです。どういうことかと言うと、「決めたことをやると人の心は強くなる」です。毎日英会話をやるとか、週何回ジムに行くとか、朝早起きするとか。自分が決めたことをちゃんとやれている人は、心が強くなってくるんですよ。根拠のない自信というか。私は毎日１通、２年半（１０００日間）で１０００通の手紙を書いたというのが根拠のない自信につながったんです。

行動がすべてなんですよ。夢から逃げるのはいつも自分なんです。今お世話になっている人たちは全員手紙を書いて、一人一人会いに行って、ぜひ買ってくださいって言いに行ったというのが最初でした。

結果はコントロールできないんですが、「唯一コントロールできることは行動だけ」なんです。唯一コントロールできる行動すらしなかったら、運に任せるということになってしまう。宝くじを買うことはできても、当たるか分からないじゃないですか。だから、結果については気にしない。

ちなみに、他人は結果を気にしますよ。他人は外の世界。外の人は木の表面しか見ないですけど、

私たちは根っこを広げて深めることしかできないじゃないですか。プロセスです。プロセスって行動なので。私たちは絶対プロセスから逃げちゃ駄目です。根っこのない弱い木が出来ちゃうので。表面だけ強くても。なので、私たちはすごく行動っていうのは会社として重要視しています。

「使命」にお客様は共感してくれる

先述したように、ファクトリエには「語れるもので、日々を豊かに（作り手の想いで洋服を買っていただく）」という使命があるんです。消耗される服でなく、作り手の想いがこもった愛着を持てる服に夢中になってもらいたいという使命を果たすためにやっているんですね。これが私たちの使命なんです。

ファクトリエのお客さまは、革命の同志なんです。世の中の大半はファストファッションで満足しているのですが、私たちはある意味、その逆を行っています。特にファストファッションを否定しているわけではなく、服屋の息子として、何回か洋服を使って生ごみと一緒に捨てられるのは耐えられないです。それだったら、ちょっといいものを買って、長いこと着るほうが絶対にいいと思っています。ですので、私たちはまだまだマジョリティじゃないです。私たちのこの使命に共感した人たちが着ているんですね。単純におしゃれだからとかそういう話ではありません。おおげさに話すとすれば、ファクトリエの商品を必要とする人に売るのではなく「自分たちが信じることを信じてくれる人に売る」を目指しているのです。そして、そこに国境はありません。

企業で行う「ものづくりカレッジ」／新業態「ファクトリエ　アンド　コーヒー」

これまで１００社以上で述べ1万人に参加してもらったのが、「ものづくりカレッジ」。トヨタやパナソニック、グーグルなど、大企業・ベンチャー関係なく多くの会社で、口コミ限定で講義をしてきました。ここも、ほとんどの担当がファクトリエの熱狂的なファン。社内のメンバーに知ってほしいという想いから、取り組みが始まりました。講義の内容は、価値づくりやイノベーションなどをテーマにしています。これからもマイペースにやっていけたらと考えていますので、興味のある方は、ホームページをご覧ください。

クラウドファンディングで約２００名から２００万円以上の支援を受け、２０１９年10月にファクトリエ熊本本店がリニューアルしました。本店を置く「マルタ號」は家業であり、創業１００年以上にわたって熊本で伝統を受け継いできました。新しいもの好きを意味する「わさもん」という熊本弁があるように、熊本には様々なカルチャーを取り入れる気風があります。〝自分の好きなものを伝えたい、こだわりのストーリーを知りたい、こだわりのものを作りたい〟そんな「話したがり」「聞きたがり」「作りたがり」の「3たがり」な人たちが、気兼ねなくコミュニケーションを取れる場所は、実はあまりありません。「ちょっと話しすぎかな」「ここまで話すと引かれちゃうかも……」と気を遣って、存分に語れないということはありませんか。

　そこで、語りたいこと、語れることがたくさんある「こだわりのものづくり」を行っている我々「ファクトリエ」として、創業の地・熊本で「ものづくりが大好きなみんなが気楽に集まれ楽

図表2-12　全国からファンが集った「ファクトリエ アンド コーヒー」オープニングイベント

提供：ファクトリエ

しめる場所」を作ります。それが、コミュニティ&カフェスペース「ファクトリエ アンド コーヒー（Factelier and COFFEE）」（図表2－12）。ものづくりが大好きな人たちが誰でも気楽にふらっと立ち寄れ、まるでお家のようにくつろげて、〝本物〟のものづくりに触れながら上質な時間を過ごせるような場所を目指しています。

アイテムはもちろんすべて日本製。さらにこだわり尽くしの空間で提供するのは、コーヒー発祥の地・エチオピア・バンティネンカ農園で採れた、日本初上陸のこだわりコーヒー。しかも、ここでしか飲めないファクトリエのオリジナルブレンドです。「道無き道を歩く秘境」にあるバンティネンカ農園は、乾期では8℃～24℃と寒暖差が大きく、コーヒーの発育に良好な気候条件。そこから作り出されるのはダークフルーツ（ベリー系）の香りで、少しスパイシーな口当たり。この独特の味わいは「ナチュラル製法」というコーヒーチェリーの果肉を付けたまま天日乾燥（サンドライ）させて脱穀する精製方法によるもので、有機認定の生豆を使用します。

ライフスタイルに、幸せなアクセントを

洋服、コーヒーだけでなく、シャンプーとトリートメントも始めました。ご一緒したのは福岡県遠

賀郡芦屋町にある「パルセイユ」さん。響灘の潮風が吹き抜ける海辺の町に工場をかまえています。芦屋町の畑作地帯で栽培され、特産品とされているのが、赤紫蘇。実は赤紫蘇には、保湿や抗菌に効果的な有効成分がたっぷりと含まれています。パルセイユの代表を務める金井さんは、赤紫蘇を取り入れた商品開発を考案し、地元のあたか農園に完全無農薬での栽培を依頼しました。今回ファクトリエが提供するシャンプーとトリートメントにも、あたか農園が栽培する完全無農薬の赤紫蘇が含まれています（図表2－13）。

従来、エキスを抽出する際には溶媒などの薬品が使われるのですが、「パルセイユ」は原料に熱や水を加えない独自の製法を開発。この〝低温真空抽出法〟を用いることで、完

図表2-13　ファクトリエが提供するシャンプーとトリートメントにも含まれる完全無農薬の赤紫蘇を背景にパルセイユ金井誠一社長とファクトリエ山田代表

提供：ファクトリエ

全無農薬の赤紫蘇から良質で濃厚なエキスを取り出すことに成功しました。「身土不二」「地産地消」の考えから、赤紫蘇以外の原料にも可能な限り地元の植物を使用。植物は、有機ＪＡＳ認定を受けた自社農園と、信頼の置ける提携先農家が無農薬で育てたものです。これらの原料にも〝低温真空抽出法〟を用いており、本来植物が持っている酵素やミネラル、ビタミンなどの成分を高い純度で取り出しています。

商品の原料は、自然由来１００％。石油由来成分、添加物、合成香料、色素、農薬、防腐剤などは使用せず、原料のキャリーオーバーも認めていません。キャリーオーバーとは、厳密には原料に含まれるものの、微量であることから表示が免除される添加物のこと。「パルセイユ」がつくっているのは、薬事法で表示義務のないキャリーオーバー成分や品質安定剤などを一切含まない、完全無添加の商品です。この商品ができるまでには試行錯誤がありましたが、数々の壁を乗り越えられたのは、金井さんの強い想いがあったからこそ。「若い頃から肌荒れに悩まされていましたが、肌につけるものを化学物質を含まない無添加商品に変えたことで調子が改善しました。もしも完全無添加の〝夢の商品〟をつくることができたなら、私と同じような悩みを持った人たちの一助になれると思ったのです」と金井さんは語ります。

天の時

私は今、天の時だと思っています。

1つ目は「店」。インターネットが当たり前になり、スマートフォンが普及しました。そしてEC（インターネット販売）が浸透し、これからは5Gという時代においてより当たり前の時代になります。加えてECなので家賃がかからないわけですね。店舗の場合、もしどこかに出店しようとしたら敷金や内装施工費があるため、初期投資として一千万単位でかかるわけです。でも、それが今、インターネット通販でゼロ円になったわけじゃないですか。まずリスクがなくなったんですね。お店を持つリスクがない。

2つ目は、「コミュニケーション」です。今までテレビや新聞、雑誌、ラジオの広告をしないと、一度に多くの人に伝わらなかった。もしくはトラフィックが多いところにお店を持たなければいけなかったのが、SNSという無料で広まるものができました。しかも、友人が発信する情報のほうが人は信じるという、強力な媒体ができたんですね。

3つ目が、「移動」です。LCCによって非常に安い価格で全国各地を回れるようになりました。私は全国を回るので、非常に助かっています。先日も、鹿児島から大阪に行ったら2900円ですよ。

つまり、移動にお金がかからなくなってきている。

　こうなってくると、昔の人はお金を使って、リスクをとって事業をしていたので尊敬の念しかありません。それなのに今でも（ないはずの）リスクのことばかり言う人は、きっと何もやらないことが好きなのかもしれません。

自社ブランドを作り上げる工場の挑戦

　そのような「天の時」にこれまでのＯＥＭや下請けを脱却し、自社ブランドを創ろうとチャレンジしている工場を紹介します。これはアパレル業界だけでなく、他の業界でも参考になると思うので、一部を特別に紹介します。ファクトリエの商品企画担当の岩佐彰則と岡田修二が全国を飛び回り、工場と膝を突き合わせて、一つ一つ、地道に、丁寧に商品開発に取り組んでいます。

（１）デ・アイ有限会社　出樋敏宏社長

　１９９５年創業で、創業20周年を迎えた２０１５年に初めて自社ブランドをスタートさせたのが熊本県球磨郡あさぎり町のスカート工場「デ・アイ」さん。出樋敏宏社長（図表２－14）はもともと

図表2-14　デ・アイ有限会社　出樋敏宏社長

提供：ファクトリエ

は町の企業誘致を受けた会社で工場長をしていましたが、バブル崩壊とともに海外へと生産をシフト。いつかは自分でやりたいという願望もあり、自社工場を創業。自社ブランドのコンセプトは〝ベーシックなものの中に機能性があって愛着が持てる商品〟。

出樋社長曰く、「パターンを引いてサンプルを作ってみたら、想像とは違ったものが出来上がってくる。その後、2回・3回と繰り返すと理想の形へと近づいてくる。そのプロセスが、とても勉強になりました。当初は不安も大きかったのですが、追加オーダーもいただくことができ、手応えを感じていますね。若い子たちに関しては頻繁にファクトリエの商品ページをチェックしていますし、情報交換もしているようで、自社のブランドを誇りに思ってくれています。今までは工場の生産性や品質向上を目標にしていましたが、これからはOEM生産だけでなく、自社ブランドの商品もつくっていくにあたって生産ラインを増やしたいと考えています。2018年までは2つのラインでしたが、現在は徐々に増設しており、今後は4~5ラインにすることが目標です。新しく増やしたラインでは、社員の育成に繋がる取り組みを考えています」。

（2）有限会社南海服装　花本大介社長

宮崎県小林市。霧島連山北部の麓に位置し、湧水池が多数存在する「名水のまち」に工場をかまえている「南海服装」さん。1973年に広島県で創業しましたが、誘致企業認定を受けて小林市に工場を新設したのは2013年のこと。畜産農業で栄える人口4万5千人の街で、市内唯一の婦人服製造工場として、百貨店や専門店向けのパンツを年間で約4万枚生産されています。

花本社長曰く、「レディースは流行の移り変わりが速く、パンツのバリエーションも豊富なので、デザイン・素材ともにオーダーの内容は多種多様。そのため製造工程の自動化が難しく、勘やコツの求められる作業が要所要所で発生します。特に熟練を要するのが、ファスナー付けとベルト付け。その中でも得意としているのが、ウエスト内側の滑り止めパーツ「マーベルト」の組み立てで、ウエストのカーブに対して寸分のズレも生じないようにアイロンで成型しています。マーベルトはシャツのずり上がりを防止する重要な部分。直接目に触れる部分だけでなく、内側の細かな箇所にも技術を行き届かせながら、着心地の良さやコーディネートの見え方を向上させています。平均年齢は40歳。生産量の平準化を推進させるためにトヨタ生産方式を採用しており、その代表例となるのが〝立ちミシン〟です。立ちミシンのメリットは、状況を見ながら臨機応変にメンバーが移動することで、ミシンの多台持ちが可能になること。世代を超えたメンバーが２つのラインを編成し、チームワークを活かして縫製に取り組んでいます。最初は足腰に負担がかかりますが、一回一回立ったり座ったりする必要がないため、一度慣れてしまえば、むしろ快適です」。

（３）株式会社エミネントスラックス　前田周二社長

１９６９年創業。長崎県松浦にある、日本を代表するスラックス専門工場「エミネントスラックス」さん。現親会社である株式会社エミネントの自社工場として、スラックスの縫製業をスタート。長崎の北端、松浦市で２工場・２００名以上にも及ぶ社員がものづくりに励んでいます。松浦市はかつて炭鉱の町として栄えましたが、創業した頃から徐々に工業が発達し、今に至ります。１日に７０００本を生産していた時代もあるほどで、スラックス専業としては国内最大級の工場でしょう。

２０１９年に50周年を迎えたこの工場では、実に１２３もの工程があるスラックスを約２００名の職人が一本一本丁寧に仕上げています。今回のスラックスは、そんな50周年の集大成ともいえる、エミネントスラックスが持つ技術や誇りをすべて詰め込んだ、オールインのプレミアムスラックスです。

はき心地を左右するのは見えない部分にあり、エミネントスラックスの最大の特徴と言えるのが、腰周りの帯の裏に入れられている「バンロール」と呼ばれる〝芯〟にあります。このバンロールが入っていることによって、はけばはくほど、はいた人の腰の形にどんどんフィットするように芯が形状変化していきます。つまり、はき続けることで唯一無二のシルエットが完成するというわけです。

　ちなみに、「芯を入れるのって簡単そう」と思ったら大間違い。実はこの工程は、ミリ単位よりも細かな正確性が要求されるんです。帯、腰裏、バンロールの3つの生地や芯を重ねて縫製するとどうしてもズレが生じてしまうからです。「型崩れさせないためにこの工程があるのに、最初からズレていたらしょうがないですからね」と職人の松永さん。難しい工程ゆえにバンロールが採用されたスラックスは世の中にそうありません。だからこそこのスラックスが〝プレミアム〟である証でもあります。こだわりは小さなボタンにもあります。

　日常で付け外しが多いボタン。小さなパーツですが、とても高い技術力が必要です。いかにスムーズに付け外しができるか、そして負荷がかかる場所であるがゆえにしっかり付けられているかが重要になります。その両立が難しいのです。例えば単に付け外しを楽にしようとすると糸が緩くなってしまいます。加えて、生地の厚みや素材の違い、ボタン自体の厚みが薄かったり分厚かったりと、毎回同じように縫い付けられるわけでもありません。ボタン穴の大小によってもまた付け方が変わってきます。そのような様々な条件の組み合わせが無限にあるのがボタン付けの難しいところですが、1日平均１２００個、これまで７２０万個ものボタンを付けてきた熟練職人によって、付け外しが楽で丈夫なボタン付けを実現しているんです。すっとボタンホールに収まる付け心地にきっと驚かれるはずです。

（４）株式会社森下メリヤス工場　森下展行社長

高野山を源流とした貴志川の河口域に広がる貴志川町。「森下メリヤス」さんは、半島として日本最大の規模を誇る紀伊半島の山々の麓に本社をかまえています。その歴史の幕開けは、まさに波乱万丈。１９０７年の創業時は和歌山市に本社がありましたが、戦火によって燃えてしまいました。しかし、二代目の森下茂さんは戦争から帰還した後、再び和歌山市にて旗揚げを行います。以後は事業が軌道に乗り、手狭になったことから貴志川町に本社を移すことになりました。近年では、最寄り駅である「貴志駅」の猫駅長が大手保険メーカーのＣＭに登場したことをきっかけに、遠方からの観光客も増えています。

創業から丸編み一筋。古い吊り編み機やヴィンテージ編み機、さらにはコンピューター編み機といった多種多様な機械を保有しており、格納している機械も含めれば合計で２００台を超えるそうです。日頃から整備を行き届かせているため、どの編み機も常に稼働できる状態。ニーズに応じて最適な編み機を選んでいるのはもちろん、優れた技術を持つ染工場と提携することで生地の風合いにもこだわっており、世界のラグジュアリーメーカーからも支持されています。２００台以上の編み機を使い分けているだけでなく、場合によっては機械を改造することもあるとのこと。オーダーによっては敢えて昔の風合いに近い生地を再生産することもあるように、理想を実現させるための創意工夫に妥協はありません（図表２‐15）。新しい製品の開発にも積極的で、職人技と最新の編み機を組み合わせて実験的な試みを行うこともしばしば。日進月歩で技術を向上させながら、これからもヒット商品を生み出し続けていきます。

（5）丸和ニット株式会社　辻博巳社長

「丸和ニット」さんは１９３４（昭和９）年、古くから綿の産地であった和歌山にはじまり80年になります。当時は吊り編み機やソックスの編み

図表 2-15　株式会社森下メリヤス工場の高密度ジップアップパーカー

提供：ファクトリエ

機を使った、綿主体のニット生地やアイテムを製造していました。代替わりをきっかけに、東レや旭化成など当時からアクリル紡績の開発に力を入れていた企業と協力し、素材開発、製品開発を開始し、綿からアクリルへと製品の素材をシフトチェンジ。周りの工場からは「なぜアクリルなんかを使用するのか」と言われたそうですが、他社が使用していないからこそ差別化になると考え、まだ珍しかったアクリルを主軸としたことは先代たちの大きなチャレンジだったそうです。

　辻武志さん曰く、「最盛期は生産する生地全体の40％はアクリルが占めており、〝アクリルといえば丸和ニット〟と呼ばれるほど。工場内の機械も全てアクリル製品を扱う仕様に自社で改造しました。糸は新開発をしても比較的に研究分析がしやすいですが、そこにオリジナルで改造した編み機が合わさることで絶対にまねすることのできないテキスタイルが生まれるのです。現在の最新機器は改造ができないように精密に作りこまれています。そのため、昔ながらの機械に改良を加えながら代々受け継いできたことも弊社の強味だと言えますね。バブルの崩壊後、3つあった工場を1つに縮小し、社員を1拠点に集中させた体制となりました。その後、２０００年に入り海外生産の波が訪れたことで国内のアクリル生産も低価格競争に巻き込まれ、ほぼすべての生産が国外へと移行しました。合繊の紡績工場が急激に数を減らし、それに関わる染めや加工、縫製の工場も影響を受け、製品の40％がアクリルだった弊社も大きな打撃を受けることとなりました。

　弊社は代々「他にまねの出来ないもの作り」をとても大切にしてきました。繊維産業に逆風が吹く中、そんな想いで生み出したのが「バランサーキュラー」という生地です。ヨーロッパ製の今まで見たことのないような編み機が、2台だけ中古で売りに出されているのを発見し、早速購入しました。買ったはいいものの説明書がついているわけでもないので操作方法すらわからない。上糸と下糸をスムーズに送り出すよう調整するだけでも5年かかりました。ベテランの職人や得意先の技術者の方などにも相談に乗ってもらい、数え切れないくらいの調整を繰り返し、10年の歳月をかけようやく完成したこの生地は現在弊社の主軸の一つとなっています（図表2－16）。

図表2-16　丸和ニット製のデイリーウォッシャブルジャケットはシワになりにくく自宅で洗えるので出張に最適。バルセロナにて

提供：ファクトリエ

（6）今枝メリヤス株式会社　今枝靖久常務取締役

愛知・一宮で作られる今枝メリヤスさんのTシャツは、着心地の良さを一途に追究。素材にはオーガニックコットン史上最長の長さを誇る「アルティメイトピマ」を使用。編み地である天竺は小寸の編み機でテンションがかからないよう丁寧に編み上げました。消耗品というイメージのTシャツですが、長年使っていただけるよう、細部の縫製仕様にもこだわりました。肩先から首の裏側にかけてわたる特殊な縫製は、Tシャツにありがちな、使用するにつれ現れる首のたるみを防ぎます。脇の縫製は見た目も肌触りも良い袋縫いを採用しています（図表2－17）。

図表2-17　今枝メリヤスの最高級オーガニックコットンのTシャツ

提供：ファクトリエ

小口径の編み機は大口径の編み機に比べ、一度に使う糸の量も少なく効率は悪くなり、コストもかかってしまいます。しかしながら小口径の編み機で編み上げたものは非常に伸縮性に富み、ザックリと空気を含みながら、そしてゆっくりと編んでいくことで風合いが増し、ボリューム感が出るとのこと。着用した際にとても着やすく身体にフィットするものが出来上がります。また天然繊維は繊細で編み機のスピードを早くできないものも多いため、小口径の編み機でゆっくりと編み上げていくことで素材の良さを十分に引き出すことができます。

（7）ティー・エフ・シー株式会社　森茂樹代表

　富山県小矢部市でレディースのカットソーを手がけるＴＦＣさん。富山市内から電車で約30分、石川県との県境にほど近い小矢部市にＴＦＣ北陸工場はあります。もともとは１９７５（昭和50）年に大手繊維商社タキヒヨー株式会社の１００％子会社としてスタートしました。しかしながら業界全体としても低コストな海外生産へシフトする中で、子会社といえども徐々に仕事が減少してしまいました。そこでレディースカットソーのみに特化した工場へ転換していくことになります。高品質なカットソーを作るには縮率の調整や繊細な生地への対応など非常に高い技術が必要になるため、そこに日本の工場として戦える道を見出しました。

　森代表曰く、「この工場が今後永遠に続いていくにはどうしたらいいだろうかと考えることがあります。まずは熟練者の持つ高い技術をどのようにして若い世代にバトンタッチしていくのかということでしょう。日本製として恥じない商品を作る技術、それを次の世代へとつないでいくことが私たちの使命だと感じています。そしてさらには品質で勝負できる工場を目指したいと考えています。海外製品と価格を競っても意味はありません。私たちの高い技術をもって高い満足度を適正価格でお客様にお届けする。それこそが私たち日本の工場が生き残る道だと思っています」。

（8）株式会社荻田縫製研究所　岡村勝美工場長

香川県西部、三豊市にシャツ工場、荻田縫製研究所さんがあります。この地域には江戸中期から質の高い砂糖・綿花・塩が生産されていました。３つの色合いから〝讃岐三白〟と呼ばれていました。こういった背景から、かつては製綿や縫製などの産業が盛んでしたが、近年では縮小や廃業を余儀なくされる工場が少なくありません。

岡村工場長（図表２－18）曰く、「２００２年に自社での国内製造をストップしました。しかし、ものづくりへの強い気持ちを捨て去ることができず、三豊市の本社工場を２０１１年に再稼働。縫製業を牽引しながら、地場産業の再生に貢献していくことが私たちの目標です。２０１１年の再稼働以降は、主にドレスシャツを手がけていました。そこから少しずつラインナップを増やし、カジュアルシャツやレディースブラウス、さらには特種素材を使用したアイテムなど、多品種小ロットでの生産を行うことで、メンバーの技術を向上させています。レディースはデザインが豊富であり、高い縫製技術も必要とされますが、社員全員が一丸となることで課題をクリア。様々な分野でノウハウを蓄積

図表2-18 株式会社荻田縫製研究所 岡村勝美工場長とファクトリエ山田代表

提供：ファクトリエ

し、現在では幅広いアイテムを生産できる体制が整っています」。

ファクトリエでは、同じ四国の「今治タオル」とコラボして今治タオルのシャツ作りにチャレンジ。通常のシャツではなく、タオル地を縫製するには特別な技術を必要としますが、多くの試行錯誤を繰り返し、ヒット商品を作り上げました。今治タオルならではの「吸水性」と「保温性」、そして「肌触り」に優れたこのシャツは、カジュアルにもビジネスにも着回せるという、優れもの。ただ、〝タオル地だから春夏向けのシャツだよね？〟と思いませんか？　実はこのシャツは〝秋冬〟までちゃんと楽しめる「オールシーズン着られるシャツ」なんです。その秘密は内側の「パイル地」にあり。このパイルが、夏は汗を吸収し発散させ、体温を下げて涼しい着心地に。冬は肌とシャツの間に空気層を作ってくれるので、体温を保温するという働きをしてくれるのです。

（9）御幸毛織株式会社 小樽工場　河村社長

その佇まいを一目見るだけで、上質な素材と仕立ての素晴らしさがわかるこの美しいカシミヤコート（図表2－19）には、一般的なものづくりの手法を超えたストーリーがあります。主にメンズのスーツやジャケットが専門の縫製工場で仕立てられた、レディースのカシミヤコート。紳士服が専門の工場でなぜレディースの製品を仕立てるのか。それは、そこで生まれる「新たな美しさ」を見てみたいという、シンプルな思いが芽生えたからです。メンズ特有の堅実なつくりとレディースに必要なニュアンスの表現。このふたつの魅力を高め合って生まれた新しいコートをご紹介します。

1905年（明治38年）。名古屋市で織布、染色工場として創業した御幸毛織株式会社。一世紀以上の歴史をもち、原料から繊維、生地、製品まで一貫

図表2-19　御幸毛織株式会社製のカシミヤコート

提供：ファクトリエ

したものづくりを続けています。２０１１年に東洋紡株式会社の四日市工場に仕上げ部門を統合。国内で初めて導入されたという希少な機械が稼動する様子。最新鋭の機械。日本の服地づくりの歴史を知る広大な工場には思わず圧倒されてしまいます。また、国内３カ所の縫製工場では主にメンズスーツを手がけていますが、そのうちのひとつ北海道小樽市の縫製工場で今回のカシミヤレディースコートが完成しました。

　カシミヤの中でも最高級の素材を１００％使用し、生地の仕上げにはカシミヤの長い毛足を一定にプレスする「ビーバー加工」を施しています。そのため、肌触りはとてもなめらか。素材の魅力を最大限に引き出すつくり手たちの技術と配慮によって、カシミヤの上品な光沢を楽しんでいただけます。このカシミヤコートの顔とも言えるのが胸に返る大きなラペルです。立体的で均整のとれたラペルをつくるには、生地の厚みやパターンに適した緻密な縫製が必要です。ほんのわずかな、けれども手間を惜しまないつくり手たちの技術によって、上品で優雅な表情のコートに仕上がりました。

　いいつくりのコートとはフロントの佇まいが美しいものです。美しいラペル、立体的なアームホール、生地の端など細部の処理。メンズジャケットのつくりを採用した袖つけやまっすぐなヘムライン（裾）、あえてボタンを見せないデザインを見れば、このつくり手たちの自信が伝わるはずです。

　長崎、青森、そして北海道の３カ所に直系の縫製工場をもつ御幸毛織株式会社。専門は紳士物のスーツです。工場によってそれぞれ特色をもつ中で、新しい製品のサンプルづくりや丈の長いコートの生産など、ややつくりの変わったものを担当するのが北海道の「小樽工場」です。もともとはスーツの上着やジャケットなどのいわゆる「上着」がメインの工場でしたが、現在は、長年培ってきた技術を活かし商品ラインナップを広げています。２０１８年の秋冬シーズンに販売したファクトリエのオーダーチェスターコートも、この小樽工場で仕立てられました。

以上となります。本日はありがとうございました。（拍手）

質疑応答

【質問者（佐藤）】貴重なお話、どうもありがとうございました。先ほど少しだけお聞きしましたが、ファクトリエは値段を工場が決めるんですか？

【山田】はい、そうです。

【質問者（佐藤）】その場合、どのように経営を成り立たせるのでしょうか？　アパレル業界の製造原価率（以下、原価率）は10～25％以内と聞いたことがあります。

【山田】そうですね。私たちの原価率は非常に高い（50％超）ので、色々なことを諦めました（笑）。

まず、お店をたくさん作れません。セールもしたことがありませんし、宣伝広告費もほとんど無いです。ある意味、これまでアパレル業界が当たり前にやってきたことと真逆ですね。それでも、「自分が欲しい、語りたくなる商品づくり」を続けていけば、必ず口コミで広がると信じてやってきました。いまも創業時と一ミリもぶれていません。

【質問者（佐藤）】 どうもありがとうございました。
全国に55工場と提携されていると聞きましたが、私にオススメはありますか？

【山田】 もちろん、たくさんあります（笑）。季節を分けて、2つの工場をご紹介しますね。

まずは春夏の定番、ポロシャツ。

創業60年の歴史を持つ「精巧」さんと、素材・生地・縫製・パターンの全てにこだわり抜いたポロシャツを作っています（図表2－20）。「ポロシャツとは何か」を自問自答し、同社が作ってきたポロシャツや、他社のブランドのポロシャツ、そしてイタリアのシャツまで、研究に研究を重ねました。その結果、ジャケットではよく言われる「肩で着る」を、ポロシャツに取り入れた、着心地も動きやすさも抜群のポロシャツが完成したのです。私たちのポロシャツは風格があり、着るだけで凛々しい感じがするとご好評いただいていますが、そのために大事にしているポイントがあります。それは「襟」「肩」の作りです。「襟」はポロシャツの顔ともいえる部分。襟の開き具合やよれにくさは、ポロシャツの良し悪しを大きく左右します。そこで「ドレスシャツ」のパターンを取り入れ、襟や形が

図表2-20　精巧社製のポロシャツ

提供：ファクトリエ

くたびれることなく立体的に保たれるように細部にわたってこだわりが施されています。

　次に秋冬の定番、カシミヤ。

　岩手県北上市にあるＵＴＯさんというカシミヤ工場では、〝繊維の宝石〟と呼ばれるカシミヤの中でも最高級の、希少な1等級のホワイトカシミヤを贅沢に使い「天使のカシミヤ」と呼ばれるカシミヤマフラーを作っています（図表2－21）。ＵＴＯの宇土《うと》社長は「カシミヤ博士」の異名を持ち、日本で右に出るものはいないと言われるほどカシミヤに精通しています。

　そのＵＴＯのこだわりは一貫した丁寧なものづくりにあります。岩手県にある自社工場では、企画から編み立て、リンキング、仕上げまですべての工程を行っています。ＵＴＯの育てるホワイトカシミヤマフラーは、1gの産毛を26メートルに引いて撚りをかけた26番双糸のカシミヤ糸を使い編み立てています。このような繊細な糸は生地の強度を考えてハイゲージ（細かく密に）で編むのがセオ

図表2-21　UTOのみなさんと

提供：ファクトリエ

リーですが、ＵＴＯの場合は、強度は保ちつつローゲージで（ゆったりと）空気を含ませるように編むという絶妙なバランスを実現したことで別次元のカシミヤ製品が誕生しました。

【質問者】　ありがとうございます。今度、ぜひお店に伺います。

【山田】　銀座（図表２－22）、名古屋、熊本に試着ができるお店がありますので、ぜひ遊びにいらしてください。

【質問者】　これまで、ヒット商品というのはありますか？

【山田】　最近で言うと、２０１８年４月に販売した「ずっときれいなコットンパンツ（図表２－23）」。夏になるとはきたくなるのは、〝白い〟ジーンズやチノパンツ。ただ、一番怖いのはすぐに汚れてしまうことですよね？　ホワイトに限らずせっかく買っ

図表 2-22　ファクトリエ銀座店

提供：ファクトリエ

図表 2-23　岡山県・児島で作られた，ずっときれいなコットンパンツ

提供：ファクトリエ

たパンツを汚してしまうこともよくあります……。「買ったばっかりのパンツにトマトソースや赤ワイン、コーヒーをこぼしてしまった。洗濯しても汚れが取れない……去年も同じことをしてしまったのに……」という悲しい声を聞くことは日常茶飯事です。とはいえ、歩くたびにシャカシャカと音が鳴るようなナイロンパンツをはきたくない。

そんな悩みを解決したのが、この「ずっときれいなコットンパンツ」なんです。ポイントは4つ。

■糸1本1本に撥水加工が施されており、コーヒーやワインなどを弾く！
■はき心地は一般的なコットンパンツと全く変わりません（シャカシャカ鳴りません！）
■しかも半永久的に撥水効果が落ちない
■こだわりのスタイリッシュなシルエットで、はくだけでさまになる

ここでひとつの疑問が湧いてきます。「水を弾くなら、足が蒸れるんじゃないの？」という疑問です。大丈夫です、ご安心ください。水を弾く「プルーフェクト加工」を糸一本一本に施すことで、糸と糸の間には空気の通り道がちゃんとあるんです。つまり、汗をかいてもしっかり発散してくれるので、蒸れる心配もありません。ちなみにこの撥水加工がされたパンツは、糸と糸の間に通り道があるからこそ、その間にコーヒーなどの汚れが入ることがあります（例えば、コーヒーをパンツにこぼして、上からぎゅっと押さえつけてしまった）。しかし、洗濯機で洗えばその汚れもきれいに落ちますのでご安心ください。触った瞬間、そしてはいた瞬間に思わず声に出てしまうのは、「本当に水を弾

くの!?」の一言。つまり、それほど普通のコットンパンツと変わらない風合いなんです。いえ、むしろコットン：95％、伸縮素材のポリウレタン：5％で織り上げられた生地は、一般的なコットンパンツよりもはき心地が良いはずです。この商品は様々なメディアで取り上げられ2018年の大ヒット商品となりました。

【質問者】「さんまのホンマでっか!?TV」や「王様のブランチ」で見ました。

【山田】 そうなんです。この商品を作っているのは岡山県倉敷市児島にある1961年創業のレッドリバー社（図表2－24）。これまで百貨店向けの高級パンツを作っていましたが、「汚れない」という難しいコンセプトに対して荻野和英社長が中心となって、縫製から最終仕上げまで一つ一つを最終チェックしていただいています。非常に骨

図表 2-24「ずっときれいなコットンパンツ」はレッドリバー社の荻野和英社長と二人三脚で作りました

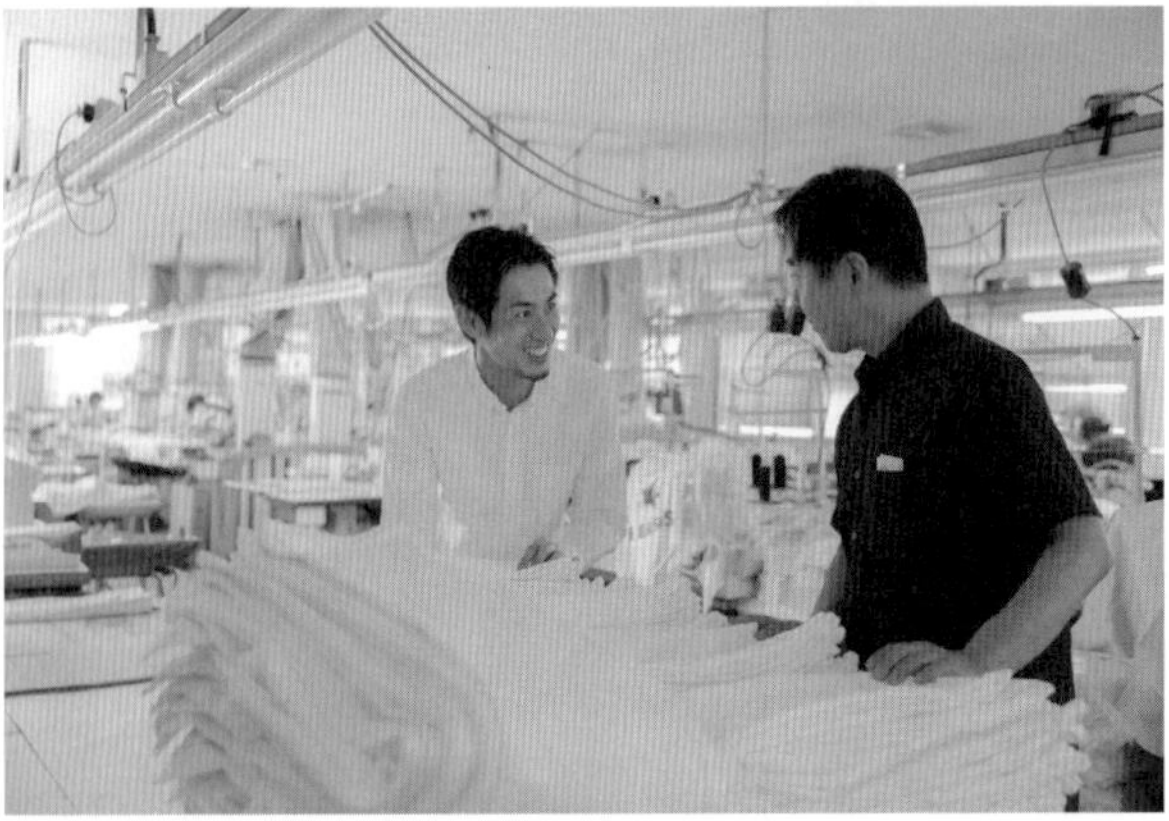

提供：ファクトリエ

の折れる仕事だと思いますが、そのこだわりがヒットに結びついているのだと思います。

【質問者】　他にもヒット商品はありますか？

【山田】　2019年10月に発売した「エアーブルゾン」（図表2－25）もヒット商品の一つと言えるでしょう。

　このブルゾンに使用した生地は、アタゴが独自開発した「NOBILUZA™」。特殊な編立と加工により、ポリウレタンのような伸縮素材を使わずに、非常に高いストレッチ性を誇る生地です。ポリウレタンは長く使うと経年劣化して、伸縮性が損なわれることがありますが、このNOBILUZA™ならその心配もなく、長くお使いいただけます。例えば、段ボールの断面を横から見ると、3層構造になっていますよね。今回のNOBILUZA™はそれに近いイメージ。つまり、生地と生地の間に「中空空間」が生まれる

図表2-25　エアーブルゾンは福井で作られています

提供：ファクトリエ

ことで「こんなに薄くて軽いのにあたたかい」が実現しました。これなら、スーツジャケットの内側に着用しても、重さを感じません。もちろん、スポーツ時に使用してもストレスなくアクティブに動けます。触り心地もサラッとつるんと。ずっと触っていたくなる心地よさ。ジャケットを羽織ってもすべりがいいので、着心地も抜群です。

これ１枚でスポーツウェアとしても活用できますが、意識したのは、ビジネスとスポーツの境界線を飛び越えるパターンとデザイン。ジャケットの下に着用した場合ゴワゴワして動きづらい、という経験は一度はあるものですが、このジップアップブルゾンは、超軽量であることに加えて、ごわごわ解消に大切な「袖周り」のカッティングにこだわりました。これによって腕の上げ下げが非常に楽で、暖かさと快適性の両方を実現しました。加えて、ジャケットを上から羽織っても、ジャケットのシルエットを崩さないのもポイントです！

【質問者】　すごく語れる要素が多い商品なんですね。

【山田】　こちらの商品を作られている「アタゴ」さんは、１９６２年に株式会社として設立された、福井県にある生地・縫製工場です。創業当初はインナー用品の縫製を中心に、今は徐々にスポーツウェアの生地生産にシフトしてきています。もともと合成繊維産業が盛んな福井県にあって、天然素材と合成繊維をうまくミックスさせた生地開発や素材の研究を、約半世紀に渡って行ってきました。その技術力は世界レベルで評価されており、有名スポーツメーカーのユニフォームを製造しているんですよ。

【質問者】 全部欲しくなりました。ありがとうございます。

【質問者】 工場は若者の採用が難しいイメージがあるのですが、高齢化する中、日本のものづくりは続くのでしょうか?

【山田】 地方は少子高齢化、そのイメージがありますよね。ある意味で正しいと思いますが、私が期待している工場の後継者は大変優秀ですよ（図表2－26）。

1社目は、1954年創業の大阪にあるインターナショナルシューズさん。もともと縫製職人だった代表の祖父が立ち上げ、当時は上田製靴という小さな規模の工場だったそうです。そこから規模が少しずつ大きくなり、社名もインターナショナルシューズに変わりましたが、先代から受

図表 2-26　左から上田さん，鷲尾さん，遠藤さん
（「ファクトリエ工場文化祭 2019」にて）

提供：ファクトリエ

け継がれている「もっといい靴を作ろう」というスローガンが揺らがない。言葉自体はシンプルですが、長き歳月で育まれてきたＤＮＡかもしれません。同社の後継者である上田誠一郎さんは32歳。大学卒業後は銀座かねまつで働き、販売現場を見た上で実家の工場に戻りました。私との出会いは、上田さんが銀座店に飛び込みでいらっしゃったこと。その行動力をとても尊敬します。

２社目は１９５５年創業のワシオさんです。寒い季節には欠かせない、肌に当たる内側の生地が起毛した「裏起毛」の洋服や小物は先駆的存在。代表的なアイテム「もちはだ」は、特許製法による圧倒的な暖かさで50年以上にわたって愛され続けています。鷲尾岳さんは28歳。大学卒業後に家業とは離れ中国でビジネスを展開する中、一時帰国した２０１５年、常々危機感を持っていた家業の経営状況を見て、〝自分が親父（現社長）を助ける〟そんな覚悟で２０１６年1月に入社を決意されました。クラウドファンディングで多くのヒット商品を作るなど、いま最も勢いのある若手経営者の一人と感じています。

【質問者（西田）】 私の前職は百貨店で、同僚から講演のことを聞いたときから、すごく楽しみにしていました。

【山田】 ありがとうございます。

【質問者（西田）】 今はベンチャーに転職してマネジメントしているのですが、ファクトリエさんは熱狂的なファン以上に、社員のみなさんがそもそも熱量が高く、素敵な方が多いとよく耳にします。

熱狂的な仲間づくりって、とても重要だなと痛感しており、どのようにミッション、ビジョンに共感する人を集めているのでしょうか。

【山田】　まず、先ほども紹介した最初のメンバーである小林正樹、日下部純一は友人なんです。彼らは創業時、何もない時から１０００日間（2年半）ボランティアで手伝ってくれていました。小林は現場力に長けていて、ダンボールなんて一瞬で作ってしまいます（笑）。今は熊本本店がリニューアルした新業態「ファクトリエ アンド コーヒー」の店長として慣れない熊本で悪戦苦闘しています。日下部は仕組み化、マネジメントに長けており、彼がいたからこそ集団から「会社」として成長できたなと思っています。その後に入社する南瑛一郎は高校の同級生で、財務のスペシャリスト。大手監査法人で働いていた彼を居酒屋で口説きました。広報ＰＲの山岡真由子も同時期で、彼女のおかげでガイアの夜明けなど様々なメディアに出ることができました。ＰＲ業務全てを担い、ＳＮＳや企画といったところでも奮闘してくれています。

　つまり、創業時のメンバーが今も熱量下がらず、楽しみながらチャレンジしてくれていることが大事だと思います。ブランディングという言葉をあまり私が使わないのは、内側の熱量の余熱しか外には伝わらないと考えているからです。どんなにカッコいいサイトを作っても、電話やメールの対応が最悪だと意味がないんです。

【質問者】　サービス業は採用が難しいと思いますが、お店のスタッフ採用はいかがですか？

【山田】たしかに。なかなか人が集まらないっていいますよね。サービス業以外も、人手不足は大変な状況だと思います。ただ大事なのは、ミッション、ビジョンではないでしょうか。「なぜ、この会社でその仕事をするのか」が自分の過去や未来と繫がっていないと採用してもお互いが不幸になってしまうので。

ファクトリエの店舗は、店舗統括の羽田野真衣を中心に、銀座店の深井海咲店長、名古屋店の上泉裕理店長と、女性が大変活躍しています（図表2－27）。羽田野はパーソナルカラー診断や的確なコーディネート提案ができますし、深井は骨格からベストな服装を提案できます。彼女はサプライ部という社内イベントのリーダーでもあり、成長著しい若手の一人。上泉は名古屋のお客様の友人であり、人を巻き込む天才。初店長として、面倒見もよくリー

図表2-27　左から羽田野，深井，中島

提供：ファクトリエ

ダーシップを発揮してくれています。コンシェルジュで天才肌の中島佑太、ベテランの木村敦子もそれぞれ百貨店出身で、相手の想いを汲み取った接客・提案に余念がありません。

採用面接では、メンバー全員へのプレゼンがあります。その人のＷＩＬＬ、ＣＡＮ、ＭＵＳＴを発表してもらいます。会社における課題を想定して、自分はこう解決できますというのを聞きたいんです。それがその方の想いとも一致しているか。最後の面接は私なんですが、私はこれまでの人生曲線（ライフチャート）を描いていただき、今までにうれしかったこと、悲しかったことを共有してもらう。

私自身が「仕事は、私事」と思いたいんです。もちろん私自身が24時間３６５日プライベートだと思っています。人間1万時間使えば、何でもプロになれると言われているので、好きになりさえすれば、いつの間にかプロになれるわけです。だから、私は、その人が死ぬときにどうなっていたいかということと、会社の道筋が合っている人しか採用しません。お互いが不幸にならないように、自分自身が生きている意味（ＷＨＹ）を探すようにしています。

【質問者】日本のものづくりは世界から見たらどうでしょうか？

【山田】今も、世界の有名ブランドの多くが、日本のものづくりを視察に来ています。

例えば、１００年以上も続き、現存するなかで日本最古の革小物工房「博庵」さん（図表２－28）。この博庵の職人集団が、長い年月の中で試行錯誤と実験を重ねて辿り着いたこの「ベタ貼り」という製法は、世界の名だたるブランドが欲しがっているという独自の技術。２枚の革を貼り合わせて1枚

図表 2-28　2019 年度のお客様投票で，工場アワードを受賞した「博庵」さん

提供：ファクトリエ

の革のようにする工程のことです。

想像してみてください。例えば、コピー用紙を2枚貼り合わせて、ぐっと湾曲させてみると、その湾曲した弧の部分の紙と紙には、隙間ができてしまいますよね。つまり、紙でさえ隙間ができてしまうものを、革で行うということなのです。〝貼り合わせるなんて簡単でしょ？〟と思ってしまいますが、非常に高い技術が必要（だからこそ海外からも多くの作り手が見学にきます）。そして、「ベタ貼りこそ博庵の命」とおっしゃる博庵社長・長谷川博さんの強い言葉通り、剥がれてくることはまずありません。おり曲げても裏地がたわまないため、1枚の革だと錯覚する方もいるほどです。

【質問者】これからどういったことに挑戦したいですか？

【山田】　いま、オーガニックコットンを自分たちで作ろうと挑戦し「コットンプロジェクト」を開始しました。お客様に「愛着」を体感していただきたいのとともに、コットンの99・９％は輸入ですので、自分たちでどうにかやりたいなと２０１９年5月に南アルプス市でコットンファームを遊休農地をお借りして作りました（図表２－29）。

コットンファームを作るにあたり大変お世話になったのは小林メリヤスさん（図表２－30）。１９４９年創業、山梨県南アルプス市に本社を構える木村彰社長はcofucuというベビーブランドを独自で作られています。２０１６年からファクトリエと取り組みを開始。世界的なＧＯＴＳ（グローバル・オーガニック・テキスタイル・スタンダード）の認証を取っている工場で、染料に

図表2-29　2019年4月 山梨のコットンファームにて

提供：ファクトリエ

図表2-30　小林メリヤスさんを訪問する大人気の工場ツアー

提供：ファクトリエ

もできるだけ草木染めという天然染料を使用するなど、ベビーだからこそ、「安心・安全」に取り組まれています。毎年、その年の干支の柄の入ったブランケットを出されており（オーガニックコットン100％）、友人へのプレゼントに喜ばれています。

全国各地に想いのある工場さんが多数ありますので、コラボしながら、一緒にいろいろなことにチャレンジしていきたいと思います。

本日は以上となります。ありがとうございました。

（拍手）

【司会（和田）】　今日は、メイド・イン・ジャパンの工場直結ファッションブランド「ファクトリエ」を展開するライフスタイルアクセント株式会社 代表取締役 山田敏夫様に貴重なご講義をいただきました。最後に感謝をこめて拍手をお願いします。どうもありがとうございました。（拍手）

第3章

風合いを誇る超高密度織物：第一織物「ＤＩＣＲＯＳ」

—欧州高級ブランドが採用する高感性素材—

科目名：感性マーケティング論
日　時：２０１８年11月10日（土）13時00分～14時30分
会　場：早稲田大学11号館９０３号室（馬蹄形教室）
講　師：第一織物株式会社 代表取締役社長　吉岡 隆治
司　会：ＷＢＳ教授、早稲田大学ラグジュアリーブランディング研究所長　長沢 伸也

〔会社概要〕

名称　第一織物株式会社

代表者　吉岡 隆治

創業　1948年5月

資本金　2,000万円

売上高　23億円（2019年5月現在）

従業員数　55名（2019年5月現在）

取引先　【仕入】帝人フロンティア㈱，東レ㈱，小松マテーレ㈱，
サカイオーベックス㈱，ウラセ㈱　等
【販売】MONCLER，PRADA，BURBERRY，FASHION GROUP HYUNGJI CO., LTD.，KOLON INDUSTRIES INC，nanamica inc, ISSEY MIYAKE　等

取扱素材　ポリエステル高密度織物，ナイロン高密度織物

主な用途　衣料用

事業内容　1. ファッション衣料織物の製造・販売／2. スポーツ衣料織物の製造・販売／3. アパレル製品の企画・販売／4. スポーツ資材織物の製造・販売／5. 産業資材織物の製造

所在地　◎本社
〒910-0345　福井県坂井市丸岡町四郎丸4-100
TEL：0776-67-4370　FAX：0776-67-4341
◎東京支店
〒151-0051　東京都渋谷区千駄ヶ谷3丁目16番13号TMビル1
TEL：03-6406-0191　FAX：03-6406-0193

関連会社・関連工場
◎韓国　DAIICHI ORIMONO KOREA CO. LTD
◎中国　舳壹織物貿易（上海）有限公司

URL　http://www.dicros.co.jp/

〔講演者略歴〕

吉岡 隆治（よしおか りゅうじ）

第一織物株式会社 代表取締役社長

1951年，福井市生まれ。

繊維会社勤務を経て1979年に第一織物に入社し，創業者の父を継いで1982年から社長を務める。

ヨットセイル製造で培った高密度織物を衣料の分野に持ち込み，内外の主要なファッションブランドから支持を集めるグローバル企業へと成長させた。

【司会（長沢）】 今日は、日本が世界に誇る高感性かつ上質な超高密度織物ブランド「DICROS（ディクロス）」が、モンクレールやルイ・ヴィトンといった欧州高級ブランドに採用されていることで有名な第一織物株式会社 代表取締役社長 吉岡隆治様をお迎えしております。

吉岡社長は、福井県立大学 木野龍太郎教授のご紹介で、先日、福井の本社・工場見学に伺っただけでなく、ゲスト講師にもお迎えしました。今日、木野先生も何と福井からお越しになり、ご臨席いただいております。（拍手）

それでは吉岡社長、よろしくお願いいたします。（拍手）

はじめに

【吉岡】 皆さん、こんにちは。最初に質問をしたいのですが、テキスタイルビジネスっていうのを皆さんどれぐらい、それに関係している方っていらっしゃいますか。例えば、私のところは「第一織物」というふうに「織物」が付くのですけれども、ウィーバー、機屋《はたや》なのですけれども、機屋の見学ってされたことがある方いらっしゃいますか。残念ながら、あまりいらっしゃいませんね。

ということでしたら、本日のお話を3つぐらいの構成にさせていただきたいなというふうに思います。最初は私どもがいる業界の話をさせていただいて、ついでに機械の進歩の話もちょっとさせていただいて、そういう一般的なことをまず理解していただきたいと思います。弊社は今年（２０１８年）71年目です（図表３－１）。私は31歳で社長になりましたので、社長になって今36年目です。特に私が社長になってから以降、どういう動きをしてきたかというお話を次にさせていただいて、最後にわが社の物づくりについて、ほかと何が違うのかをお話します。

ちょっと皆さん散らばって座られていますが、分かりやすいサンプルもお持ちしておりますので、見ていただいて、場合によっては私の近くに来ていただいて、見ていただくと一番よく分かると思います。以上のような話をさせていただきたいと思います。どうかお付き合いください。

図表 3-1　第一織物　旧社屋内

提供：第一織物

北陸産地の歴史

われわれの機屋、特に北陸産地というのは、今、ナイロンとかポリエステルとかの合成繊維の産地ということで言われております。いつぐらいからそういうふうになったのかというお話をさせていただきますと、もともとわれわれの産地というのはシルク産地でした。シルクは、太平洋側に対して、日本海側が湿度が高いのですね。しかもきれいな水が出るという2つの利点がありまして、昔からシルクの産地として北陸というのは栄えてきました。一方、太平洋側はどちらかというと、綿であったり、麻であったり、ウールであったりという産地で、日本の中でも産地分けがされてきたというのが一般的に言われていることです。

それがいつから変わったかと言いますと、人造絹糸、人絹というのが発明されます。皆さん方、人絹って分かりにくいのですけれども、分かりやすくいうと、人造絹糸はレーヨンですね。要は人間が作った絹のような糸というものが発明されました。

これがどれぐらい前から日本で作られているかと言いますと、一番先頭を走っていた帝人さん、これはもともと「帝国人造絹糸」というレーヨンを作っている会社で、今年（２０１８年）１００周年ですから、１００年前からレーヨンという糸が作られ始めた。間髪を入れず東レさん、これも「東洋レーヨン」という、もともと人絹を作る会社がスタートをしました。ですから、１００年ぐらい前から日本の中において、レーヨン、人絹という糸ができてきたということになります。

北陸産地はシルクを織る産地でしたから、いち早くそのレーヨンという糸を買って、その糸で織物を作って販売をするということを始めました。これがずっと戦争、第二次世界大戦まで続きまして、福井には、もちろん石川もそうですけれども、人絹会館というものがあって、そこで人絹取引という生地の取引まで行われていたという形ですから、われわれの先輩たちは、糸を買って、それを織物にして、自分で直接売っていたという時代が福井にありました。当時のことを「がちゃまん」という言葉で言われているのですけれども、織機ががちゃっと1回動くと万の金が入る。ですから、機屋さんイコールお金持ちと。今はそうは決して言われていないのですけれども、昔そういう時代がありました。

これががらっと変わるのが戦後です。皆さんもお聞きになったと思いますけれども、「戦後強くなったもの、女と靴下」という言われ方をするように、ナイロンという糸がアメリカから日本にやってきました。絹の靴下の代わりにナイロンのストッキングが出てきまして、それに引き続いて、今度ナイロンよりもう少し扱いやすく、もう少し単価も低いポリエステルという糸が発明されて、それらが北陸産地において生産をされるようになります。そこからちょっとわれわれ業界の形が変わります。

昔は帝人さんも東レさんも、いろんなレーヨンメーカーというのは、糸を売ることができました。糸を売ると、織物にする機屋さんが糸を買って、そのまま販売をしてくれた。ただ、新しく生まれたナイロンとかポリエステルになりますと、糸を買う人が減る。なぜかというと、この糸を使ってどういうものを作って、どういう売り方をしていいか分からないというふうなことがありまして、そこから産地の形が変わってきます。

どう変わったかというと、合繊メーカーが自分たちで糸売りだけではなくて、それを生地にして、それを染めて、最終の生地という製品まで持っていって販売をするという形を取って、このポリエステルとかナイロンとかいう糸の拡販を図ります。その場合に、北陸で、今まで自分で糸を買って売っていた方々が、東レさんなり、三菱さんなり、クラレさんなり、帝人さんなり、ユニチカさんという合繊メーカーの系列という言い方をしますが、下請けになっていくわけですね。優秀なところほど下請けに選ばれていった。優秀な技術があって、人がいっぱいあるところに東レさんが行って、じゃあ、これからうちの仕事を請けてくださいという時代から、まさしく今も続いているのですけれども、われわれの北陸産地というのは下請けになってきます。まさしく今まで糸を買って、自分で売っていた人たちが、合繊メーカーの言われる設備をして、言われる織物を作って、加工賃でもって生計を立てるという形に変わりました。

もう一つ、この業界をご存じない方のために申し上げますと、われわれの産地というのは、スタートしたときから分業がすごく進んでいまして、生機《きばた》というのですけれど、染める前の生地を作るのが機屋で、織物を作ります。それを糊《のり》を取って、それに色を付ける、これが染色加工場というふうに、昔から織りと染めというのが分かれてやってまいりました。もっと厳密にいうと、織りの前の糸加工、例えば経糸《たていと》を作る工程であったり、糸に撚《よ》りをかけたり、糸を変わった形に変化させていく工程も別の会社がやっている。これは今に始まったことではなくて、昔から分業してやっていくという形になっていました。

　ですから、機屋が合織メーカーの系列になると同時に、染め屋さんも同等の系列になっていきます。大きい会社も、全部頂点を合織メーカーとして、合織メーカーの糸を支給されて、それを染める前の生機と言われるものに織る会社、それがまた合織メーカーに吸い上げられて、合織メーカーの指図によって、それに色を付けたり、それに風合いを付けたり、そしてまた合織メーカーに納める。納められた合織メーカーのものは、今度、国内の問屋さんであったり、輸出商社を経由して、輸出をされていったというのが北陸産地の製造の現場でずっと起こっていたことです。

織機の変遷

　特に、今からちょうど40年ぐらい前に、ウォータージェットルームという機械が開発されます。それまでどんな機械でやっていたのかというと、もともとの織機って図表3－2にあるように、これは普通織機とかシャトルルームと呼ばれますけれども、緯糸《よこいと》がこういうふうに巻かれているものがどんどん動くのですね。これがずっと主力で、もともとは手織りでがっちゃんがっちゃんやっていたのを、トヨタ自動車の元である豊田紡織、豊田紡織廠《しゃ》、豊田自動織機製作所といったトヨタグループの創業者であります豊田佐吉翁が自動織機を作って、現在の織機の基を作るわけですね。それで自動的に動いていくという形に変わります。

ちなみにこの織機って、１分間に緯糸を何本ぐらいを打てるかと言いますと、大体１５０本から１８０本ぐらい、１分間にそれぐらいの動きをします。がっちゃんがっちゃん、がっちゃんがっちゃんという動きをしています。

次に40年ぐらい前に図表３－３の機械が出てくるのです。これって、さっきの機械と何が違う

図表 3-2　シャトル織機

提供：桑村織維

図表 3-3　ウォータージェット織機

提供：第一織物

のっていうと、さっきの機械はシャトルというのがあって、これに緯糸を巻いて、がっちゃんがっちゃんと動いていたわけです。これが簡単にいうと、水鉄砲が付いている。緯糸を入れるときに、水を圧縮するポンプがあって、ノズルがあって、ノズルから1回3ｃｃとか5ｃｃの水がぱあっと出るのです。その水に緯糸を乗せて織っていくという形のものなので、ウォータージェットルームと言っています。この機械が40年ぐらい前から普及をしてまいります。

　この機械の特徴というのは、とにかく回転が出る。すごい高速を狙った機械として、この機械が出るのですね。さっき言っていたシャトルルームというのは、これは見ていただくと分かるのですけれども、糸の上をこれが走るのですよ。経糸が口が開いたところの半分の糸の上を、極端にいうと、こういう木で作ったのが動くと。そうすると当然、常に摩擦が起きるわけですね。もしこのシャトルに少しでも傷があると、経糸が切れてしまったりとか、いつも摩擦が起きますから、糸が切れないまでも毛羽《けば》立ったりとか、いろんなことがあって回転が出せない。

もう一つの特徴は、この太い、大きいシャトルというのが動くので、経糸の動きが大きいのです。シャトルが動くために、がっと開くのですね。それが反対になっていくのですね。それがウォータージェットルームというものに変わってきますと、何で速いかというと、これは高速を求めるわけですから、当然スピードを上げるためには動きを小さくする。徹底して動きを小さくするわけです。経糸の上下の動きも、今までこれだけ開いていたものが半分の大きさになる。そうすると速いわけですよ。この動きよりは、この動きが速いわけですね。緯糸を打つにしても、今までのシャトルルームというやつは、がっちゃんとこれぐらいの動きをしていたとしたら、もっと小さな動きになるわけですね。

要は小さな動きで何故いいのかというと、さっき見たシャトルという大きいものが動くのではなくて、水鉄砲の3ccから5ccの水が飛ぶだけなのですよ。ですから、経糸に対しては非接触なのですね。水が触るだけであって、全く経糸を傷つけないというのがあって、この織機が出て、これが実にナイロンとかポリエステルとか言われているものの、特にフィラメント。糸には2つありまして、シルクみたいな糸とコットンみたいな糸があって、コットンみたいな糸というのは紡《つむ》いで作る糸です。シルクみたいな糸は1本がずっと繋がっている。これをわれわれはフィラメントと言いますし、紡いであったやつをスパンという言い方をするのですけれども（図表3－4、図表3－5）、特にポリエステルとかナイロンの合成繊維のフィラメントにこれが向いているということで、当時は合繊メーカーが、機屋さん、われわれの会社に対して、操業保証をするわけです。この設備、1台300－400万とかするわけですが、それをあなたは100台入れてくださいと。そのお金は銀行から借りてくださいと。どうやって信用を勝ち得るのですかというと、合繊メーカーが操業保証をするのです。要は、この機械で織る注文を絶対私は出しますという操業保証をしていく。

　もう一つは、当時はまだ伊藤忠とか丸紅とか蝶理という商社が北陸にもありました。そこは大きな設備投資をやって、糸が織物になる工程の間に立って、コミッション（手数料）を稼ぐというふうな商売として当時は成り立っておりまして、次に、商社が債務保証というのをするのです。ですから、メーカーが業務保証をして、商社が債務保証をすること

図表 3-4　フィラメント糸（100 倍に拡大）

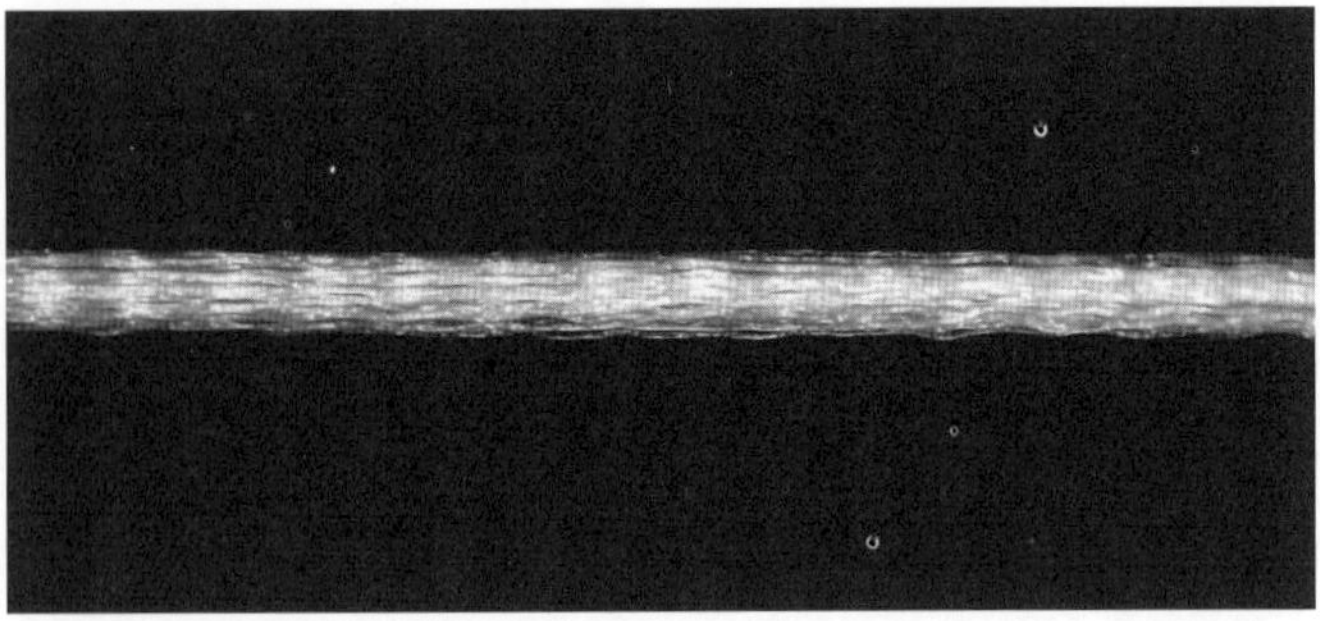

提供：第一織物

図表3-5　スパン糸（100倍に拡大）

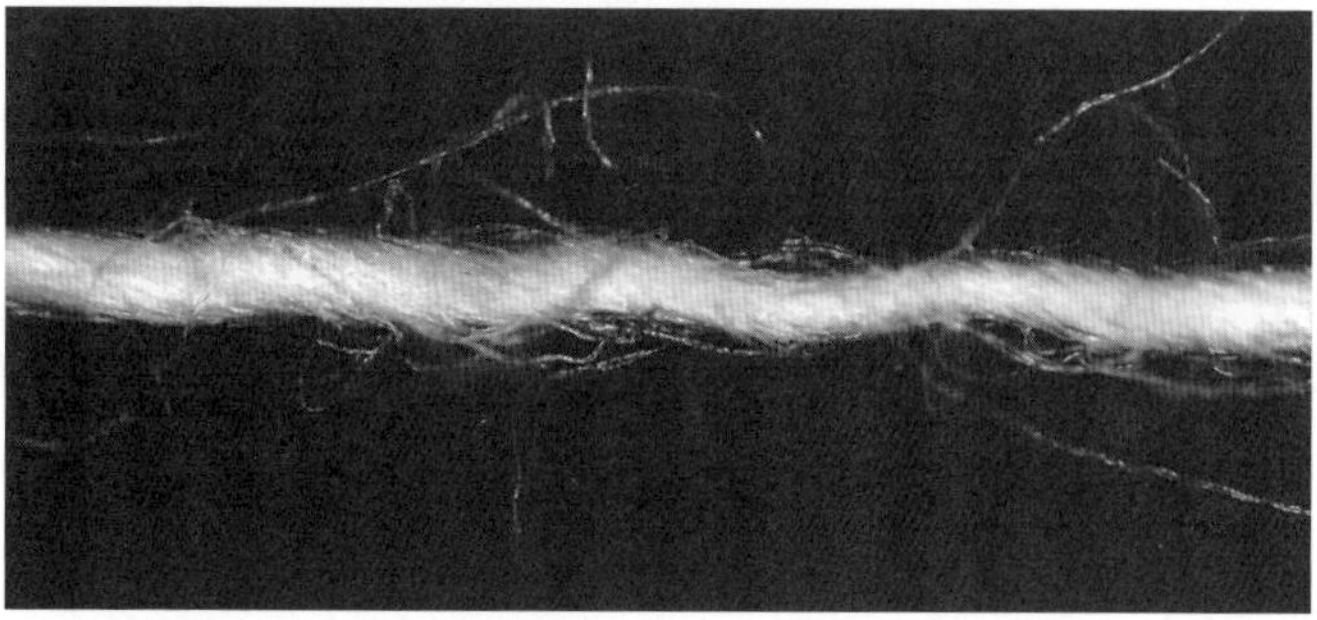

提供：第一織物

によって、銀行はどんどんどんどん機屋さんにお金を貸してくれるという形でもって、これが一気にざあっと増えていくわけです。この機械が。ここで織られたものが染め屋さんで染められて、あるいは生機で、特にアメリカ、対米輸出が多かったと思うのですけれども、すごく輸出をされて、合成繊維というのがぶわっと広がっていくのですね。

　これはちなみにどれぐらいの回転で織っているかというと、さっきシャトルルームは１５０回から１７０、１８０回というお話をしましたが、当時この機械、入ったばかりの段階で４００回転ぐらいします。ですから、１分間に４００本糸が打てるようになりました。しかも、トラブルが少ないのですよ。大きい動きをしていませんし、糸に対して非接触なので、経糸が毛羽立ったり切れたりすることが少ないので、人がぐんと抑えられるのですよ。普通織機というのは、大体当時１人当たり20台ぐらい、１人20台ぐらいしか持てないのですよ。なぜかというと、あの巻いた緯糸がなくなると、入れ替えないと駄目なのですね。止まると、止まった原因を見て動かさないと駄目ということで、１人が大体20台ぐらいしか持てませんでした。それがこのウォータージェットルームというのが入って、１人で40台ぐらい持てるようになりました。

もう一つ、大きな変化があります。これが入ることによって、３交代勤務というのがやってきます。従来は大体夜働くというのではなくて日勤、ですから、８時－５時、もしくは朝の５時から夜の10時を早出遅出という体制でやっていたと。それがこの機械が入ることによって、人は少なくていいですよね。生産性がありますよね。夜もほぼ止まらない可能性があるので、回していきましょう。24時間回しましょう。と同時に、じゃあ、休みももったいないよねということで、この織機がずっと拡大することによって、北陸産地に何が起きたかというと、まず24時間操業で、年間お盆と正月以外は止めないと。やればやるほど稼げると。しかも下請けなのでリスクがないという状態で、北陸産地の機織りというのは、ざあっと拡大をしていきます。

今、この織機、簡単なものだと何回転ぐらいまで行っていると思いますか。スタート４００回。今、簡単なものでしたら１０００回以上です。１分間に１０００回以上。本当に高速を自慢するところは１２００回ぐらいで動いていると思います。どんどんどんどん高速用にこの機械は進歩をしていきます。どんどんどんどん高速用になっていって、どんどんどんどんオートメーション化が進んで、ボタンを押すと、仕掛けには人間がいるのですけれども、あとは止まっても機械が自動的にキャッチをして、自動的に再稼働をかけるような装置まで今は付いています。ですから、最新の機械を買うと、どんどんどんどんコスト競争力のあるものになっていくというのが最近の状況です。北陸産地というのは、この機械とともにずっと拡大をしていきます。

ちなみに、他にも革新織機があります。水鉄砲があったら、空気銃もあるのですよ。このエアージェットルーム（図表3－6）というのは、水の代わりにコンプレッサーで圧縮した空気でもって、緯糸を運ぶという機械です。緯入れ、緯糸の入れ方だけが違うのですけれども、これはどこに使われているかというと、主にさっき言ったような、綿みたいな毛羽立っている糸。綿とかウールみたいなやつは全部紡いでいますよね。シルクみたいな糸、フィラメントという糸はつるつるなので、空気に乗りにくいのですよ。だから空気がたくさん要るのですよ。こっちは毛羽立っていますから、空気に乗りやすい。今は一概にそうは言えませんけれども、ちなみにこの糸というのは、太平洋側。綿であったり、麻であったり、ウールであったりという地方でこの織機はずっと発展をしていきます。

話を北陸に戻して、今から40年ぐらい前から、ちょうど20世紀の後半まで、この状態で北陸産地はずっと進んでいきます。どんどんどんどん進んでいく。それがごろっと変わったことがありました。何かというと、今まで北陸に注文をくれていた東レさんなり、帝人さんという合繊メーカーが、中国で糸を生産する。中国にこの機械を持っていって、中国でもって織りをやる、中国で染色業を自分たちでやるという形で、製造のグローバル化が始まってまいります。ですから、ちょうど東レさん、帝

図表3-6　エアージェット織機

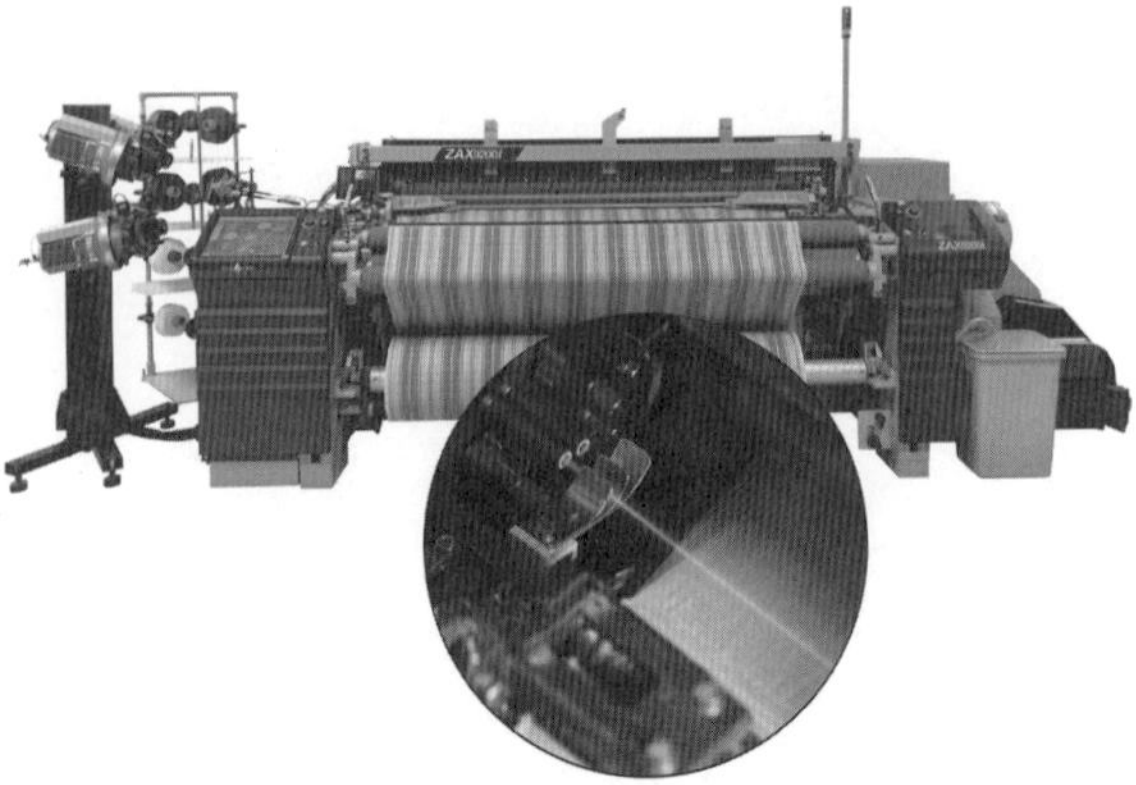

提供：津田駒工業

人さんが中国の南通という場所に巨大な設備を持っていかれて二十数年だと思います。

　ですから、20世紀の最後からそのことが起こって、何で起こったかは簡単で、縫製がどんどんどんどん中国へ行ったわけですね。そうすると日本から生地を持っていって、中国で縫製をして、日本へ持ち帰るのだったら、向こうで生地を作って、向こうで縫製して、日本に入れたほうが効率的だということで、実際この動きはまず裏地から始まります。最初は裏地だけと言っていたやつが、表地もなり、今はもう中国内販強化と。日本のマーケットはどんどん小さくなっているけれども、中国のマーケットは大きくなっているという形で変わってくるのだと。こういう流れがわれわれがいる福井、石川という北陸の合成繊維のフィラメント織物を作っている産地の今の実態、今までの歴史です。

ですから、ここ20年ぐらいでものすごい縮小になっています。実際には30年ぐらい前から縮小は始まったのですけれども、特にこの二十数年、頼りにしていた合織メーカーの注文がどんどんどんどん減ってくるということで、北陸はどんどんどんどん減っていったという形になっています。

第一織物の沿革

そこで、ここから弊社の話をちょっとさせていただきたいと思います。会社案内（図表３－７）を皆さんにお配りしていると思いますので、ご覧ください。

これの沿革というところを見ていただきたいのですけれども、私の父親が１９４８（昭和23）年、戦後しばらくして、第一織物というのをつくりました。申し上げたとおり、このころは絹人絹と書いてありますけれども、レーヨン、人絹の織物を作るということで自販をしておりました。レーヨンの糸を買って、生地を人絹会館に持っていって、そこで販売をするという形をやっておりました。これが先ほど言ったとおり、１９６３（昭和38）年になりますと、帝人という会社のメーカーチョップ、このチョップという言い方をわれわれはするのですけれども、正式な系列に入ることができました。

当時の機屋さんというのは、みんなこの系列に入ることが自分達の理想の形でした。何で系列に入

図表 3-7　第一織物の沿革

1948（昭和 23）年　5 月	前会長・吉岡義孝が，第一織物株式会社を福井市御幸に設立し，絹人絹織物の製造を開始
1963（昭和 38）年	帝人㈱チョップ工場の指定を受け，福井市高木町に工場を新設 テビロンイオン交換膜用織物の製造を開始
1968（昭和 43）年	ナイロンスピネーカー用織物の製造を開始
1971（昭和 46）年	高木工場にヨットセイルクロス専用の工場を新設し，同時に本社を高木工場に全面移転
1980（昭和 55）年	WJL 工場を新設しウインドサーフィン用セイルクロスの製造を開始
1982（昭和 57）年	現社長・吉岡隆治が社長に就任
1984（昭和 59）年	テビロンイオン交換膜をはじめとする資材織物の WJL での製造を開始 WJL 工場を増設し NL 工場を撤廃 テクノーラ織物の製造を開始
1986（昭和 61）年	ナイロンスポーツ用織物の製造を開始 パラグライダー用織物の製造を開始
1992（平成 4）年	本社工場を坂井市丸岡町に移設
1993（平成 5）年	ポリエステルスポーツ衣料用超高密度織物の製造を開始
1994（平成 6）年	セイルクロス使用のバック製造事業を開始
1996（平成 8）年	オリジナルのポリエステル高密度織物 DICROS の開発，販売を開始
1997（平成 9）年	国内販売強化のため東京営業所を開設
1998（平成 10）年	ドックレインコートの商品化，販売を開始 韓国，中国向け織物販売事業を開始
2000（平成 12）年	アメリカ・ヨーロッパ各国向け織物販売事業を開始
2004（平成 16）年　4 月	機能性素材 PLIANTEX の開発，販売を開始
2005（平成 17）年 10 月	韓国エージェントが DAIICHIORIMONO KOREA CO.,LTD. を設立
2005（平成 17）年 11 月	東京営業所を原宿へ移転
2006（平成 18）年　8 月	中国販売強化のため上海玖升実業有限公司と代理店契約を締結
2006（平成 18）年 12 月	第 37 回繊研合繊賞ヒット賞を受賞
2007（平成 19）年　1 月	オリジナル織物を使用した製品事業を開始
2007（平成 19）年　5 月	オリジナルのナイロン高密度織物 D.N.A の開発，販売を開始
2010（平成 22）年　6 月	東京営業所から東京支店に昇格　⇒　東京営業所を東京支店に名称変更
2010（平成 22）年 10 月	中国に現地法人 迪壹織物貿易(上海)有限公司を設立

2010（平成22）年12月	第41回繊研合繊賞特別賞受賞
2011（平成23）年　8月	東京支店を渋谷区神宮前から渋谷区千駄ヶ谷へ移転
2013（平成25）年12月	第44回繊研合繊賞マテリアル賞受賞
2014（平成26）年　2月	製品事業の拡充のためODM中心に変更
2015（平成27）年　2月	メーカーズシャツ鎌倉と製品のコラボレーション開始
2015（平成27）年　9月	第33回毎日ファッション大賞特別賞受賞
2015（平成27）年12月	ホライゾンタルコープ事業で第46回繊研合繊賞特別賞受賞
2016（平成28）年11月	ISO 9001認証取得
2017（平成29）年12月	経済産業省より地域未来牽引企業に選定
2018（平成30）年　5月	創立70周年を迎える
2018（平成30）年12月	DNA Lightの販売で第49回繊研合繊賞ヒット賞受賞
2019（平成31）年　4月	オリジナルのナイロン新ブランドORDICSの開発，販売を開始

提供：第一織物

れたかというと、今はもうないのですけれども、テビロンというポリ塩化ビニールの糸があって、この糸で昔は蚊帳《かや》を作っていたのです。蚊帳って知らないでしょう？夏になると蚊が入ってくるのを防ぐ蚊帳を作っていたのですけれども、その糸が非常に耐薬品性が強いということで、海水から真水と塩を、塩を取るプロジェクトのイオン交換のための膜に使われることになりまして、その膜が売れるという形でもって、うちの父親が帝人さんの産業資材のチョップ工場に指定をされました。

その後、１９７１（昭和46）年ですけれども、町中にあった工場をもう郊外に持っていって、うちの会社は高密度であるヨットセイル（図表３－８）というのを織り始めます。この時期は先ほど言ったとおり、ほかの会社はどんどんどんどんウォータージェットルームというのをメーカーさんに支援してもらって、革新織機を入れていくわけですよ。うちの父親はファッション衣料とか

図表3-8　ヨットセイル

提供：第一織物

スポーツ衣料はあまり得意ではなかったので、産業資材の中のヨットセイルということをやることになって、ヨットセイルってものすごい密度なのですよ。

後で回しますけれども、どんなやつかというと、うちは自販はしていませんので、帝人さんのヨットセイルのサンプルですけれども、段ボールよりも硬い、樹脂で固めているのですけれども、すごい高密度で糸が太いのです。ですから、ウォータージェットルームというものには向かないということで、普通織機、シャトルルームの入った機械にちょっと革新的な技術の付いた機械を弊社は入れるのです。ほかの会社はみんなウォータージェットルームで、どんどん高速の機械を入れていきます。第一織物はヨットセイルのために、すごいごっつい機械を入れます。回転数１８０回ぐらい、がっちゃんがっちゃんとすごい高密度に織るのですね。普通の織機では高密度は入らなかったために、高密度を入れるためのいろんなことを調べるのですよ、うちの父親とその技術者は。世界でどうやって高密度を織っているのか。今も恐らく一番高密度を織っているのは、綿の帆布を織っているところだと思います。今でしたら、岡山とか倉敷とかで昔ながらの帆布を織っているところがあります。ものすごい厚い、ヨットセイルの一番厚いやつよりも厚いような綿の帆布を織っている。

一番密度の入るのは、いまだに普通織機というフライシャトルなのです。何故かといったら、一番動きが大きいのですね。重たいものを大きな動きでやるので、一番密度が入るのは、効率化を除けば普通織機なのです。フライシャトルが一番速い。これは今も変わりません。

次に、ちょっとさっき紹介を忘れましたけれども、レピアルームという機械があって、これは巻き尺みたいなものが緯糸を運ぶ機械。次にエアージェットがあって、ウォータージェットというのは一番回転が出るし、一番コスト合理化されているけれども、一番密度が入らない機械ということは今も変わりません。一番密度が入るのは普通織機。ですから、うちの父親は普通織機を入れました。ちょうどヨットセイルでやっていたころはよかったのですけれども、そのヨットセイルの一番薄い生地が、ウインドサーフィンというのに取り上げられるようになります。

ウインドサーフィンって、ヨットセイルの一番薄い生地なのですけれど、ちょっと違うことがいくつかあるのですね。一番大きな違いは、ヨットの帆ほど高かったら使えない。もっとコストを合理化しないと。ヨットって、みんな高級品じゃないですか。一人で個人ユースってなかなかしないじゃないですか。ウインドサーフィンになると、みんなマイボートなわけですよ。ですから、値段を安くしないと駄目。

もう一つは、ヨットの帆ってちょっと遠くに見るのですよね、帆を。ウインドサーフィンになると、やった方はいらっしゃるかどうか分かりませんけれども、目の前に帆が見えるのですよ。持ちますから。そうすると何が起こるかというと、一番欠点が目立ちやすいのです。普通見ても分からないやつを、われわれは厳しい検査をするとき、透かし検査というので、後ろに光線を入れて、透かし検査で細かい欠点を発見しようとするのですけれども、ウインドサーフィンって、ほぼやっている間は全部透かし検査状態なのですよね。近いところで、こっちからの場合もありますけれど、いつでも向こうから太陽光を照らしてやる。ですから、安くしないと駄目なのと、欠点があっちゃ駄目と。だけど、冒頭お話ししましたとおり、普通織機のがっちゃんがっちゃんはどうしても織り傷が出やすいのです。コストが下がらないのです。ちょうどその話があったころ、私が28歳で福井に戻ります。

で、どうするか。これはうちの会社にはないけれども、世の中が入れているウォータージェットルームというやつでやるしかないよねと。これでやれたら欠点も出ないだろうし、ものすごくコストダウンに繋がるよねという発想を持ちました。ただ、そんなものが織れる機械はないのですよ。なぜならば、ウォータージェットルームというのは、あくまで速い回転を目的としたもので、高密度を織るというものとは真逆なのですね。要は、動きは小さい。それで役に立ったのが、われわれが普通織機で高密度を織るために得たノウハウがいくつかありまして、そのノウハウをウォータージェットルームと言われる水鉄砲の機械に付けることができないかということを考えて、織機メーカーに相談に行きます。その当時、織機メーカーは2社ありました。1社は日産、車の日産です。日産ウォータージェットルームという会社があって、もう1社は織機の専門メーカー、これは石川県にあります津田駒工業というところです。

この2社があったのですけれども、日産がすごく先行をしていまして、一番最初につくった会社が日産の前身のプリンスという会社が開発した機械なので、日産のウォータージェットルームというのはものすごくシェアが多かったのですよ。日産に話を持っていったら、「そんな面倒くさいオプションを付けなくても、うちの機械は売れているし、あんた、何台買ってくれるの、そもそも」というので門前払いを食らいます。仕方ないと思って行ったお隣、石川県の会社津田駒工業というのが、ものすごく後発でウォータージェットルームを作っていました。この会社は耳を貸してくれたのです。後発で何とか自分もそこでシェアをおさめたい。高密度って、今まで考えたことのない発想のものがあるのだったらやろうということで、われわれが普通織機で得たノウハウを全部津田駒工業に別注で出します。それでもうまくいかないので、プレハブを建てて、その機械を1年間ぐらい入れまして、どこが弱いのか。高密度に織ると、糸って強いのですよね。糸の力に負けて、鋳物が割れるのですよ。

ばばばっとやっていると、鋳物がぱっきんと割れるときがある。じゃあ、ここの鋳物の強度を上げる、ここに補強材を入れるとかいうのをいろいろやって、やっとウインドサーフィン用の生地ができるようになります。

そのことによって、弊社は時代に遅れること十数年、やっと世間並みに、ウォータージェットルームを購入することになります。そしてウォータージェットルーム工場を創ります。

それでやっとこの機械を手にしたのですけれども、そうなってくると、今度は普通織機でがっちゃんがっちゃんとやっているウインドサーフィン以外のものが邪魔になってくるわけです。全部それで織れないかなと考えるわけですね。そうするとさっき言ったようなイオン交換膜、もっとナイロンの細いスピネーカークロスと言われているようなものを、研究に研究を重ねて、全部ウォータージェットルームというのに乗るようにしました。もちろんウインドサーフィンだけではなくて、もっと厚いヨットセイルも織れるようにしました。

最初の試練

私は社長に就任をしました。31歳です（図表3－9）。その結果、何が起こったかというと、先ほど申し上げました。人が要らなくなるのですよ、ウォータージェットルームは。普通織機１２０台で織ったものが、ウォータージェットルーム60台で足りる。どういうことが起こるかというと、人が全く要らなくなるのですね。その結果、社長になって初めての仕事が大量のリストラということになりました。当時も今も社員数は60名前後です。そのうちの18人リストラになる。しかもどちらかというと、中高齢の女性で若いときから子供を背負いながら機織りに来てくれていた人に孫ができて、孫の小遣いだし、自分も健康だしということで働いていた人たちに、もう次から来なくていいですよっていう話をしなければいけない。30歳そこそこで社長になって、さあこれからと意気込んでいた人間にとっては、大変つらい半年を過ごしました。

図表 3-9　31 歳の吉岡隆治社長（社長就任 1 年目）

提供：第一織物

そもそも彼らは、何も悪いことはないのですよ。無能な経営者が先を見ずにいろんなことをやったために犠牲になった人たちがいたというのが、私が感じたことで、そのときの私の誓いというのは、もう二度と再びこういうことで社員を首にするようなことがないような会社をつくりたいというふうに思ったのが、私の30代の頭のことでした。

それでウインドサーフィン事業が軌道に乗ってきます。ただ、技術革新ってすごいのですよ。今のウインドサーフィンって見られた方いるかどうか分かりませんけれど、昔は全部布でした。今は３分の2は透明フィルムです。かつても透明フィルムを使おうという動きはありました。ただ、透明フィルムって割れやすい、裂けやすいという欠点があって、フィルムを使いながらも、裏に補助材としての布が要るというのがあったのですけれども、技術革新というのは、割れにくい、切れにくい透明フィルムを作ることに成功しました。そうすると、電気が来たときに、電灯を懐かしんでもしょうがないように、一斉にマーケットって変わるのですよ。全部フィルムに変わっていった。今まで１００パーセント使っていたものが３分の１しか使わないということは、シェアを維持していても、注文が３分の１になるということです。

次なるチャレンジ

その当時の弊社は全く自分で考え、自分で世間を見るということをしない、帝人という会社の下請けをやっておりましたから、言われると「ああ、そうですか」なのですね。そのときに帝人さんが持ってきてくれた話というのは、大変だけれど、次のニュースポーツがあると。何ですか？　パラグライダーだと！　ちょうどパラグライダーというスポーツが出始めたころでした。信じられないでしょうけれども、私は日本でパラグライダーで空を飛んだ、早いうちから10番目に入っていると思います。そういうスポーツができて、昔は信じられないでしょうけれど、冬、スキー場でやったのですよ。木島平というスキー場があって、そこでパラグライダースクールをやろうかという人がいて、そこでやったのです。何で雪のときにやったかというと、安心できなかったのでしょうね。落ちたときに雪があると安心だと（笑）。

それでメーカーの人は言うわけですよ。「経験してみなかったら、社長じゃないよ」。雪の中を走るのですよ。パラグライダーを持って。ふわっと浮いて、どんと落ちるのですけれど、それでパラグライダーの生産をやることになりました。

当時はバブル崩壊の手前です。すごいリゾート地が日本の中でも脚光を浴びていて、後に問題になった宮崎の大きなリゾート施設であるとか、そういうものがぼんぼんニュースで騒がれた時期です。当時のパラグライダーの運輸省が見ていた人口というのは、日本国内でパラグライダー人口は１００万人になると言っていたのですよ。

ウインドサーフィンって、1機に15メーター使います。パラグライダーって、1機に１００メーターを使います。１００万人が１００メーター使ったら、これはすごいぞと。ものすごい数だということで、一生懸命やったわけですよ。日本で１００万人、世界で見たらもっともっと伸びるよということで、われわれは町の中にあった工場を捨て、今、工場がある、ちょっと郊外に広い敷地を求めて、そこに出ます。ちょうど27年前、私が40歳のときです。31で社長になってから40歳までで、ウインドサーフィンが伸び、ウインドサーフィンがこけ、そしてパラグライダーが伸び、パラグライダーでもって工場をつくりましたというのが40歳です。

当時、機屋仲間に言われました。機屋は機械には金をかけるが工場に金をかけてはいけない、あの会社は永くないな！と。私はいろんな勉強をしている中で、企業というのは人を幸せにするための仕組みだろうというふうに考えていました。やっぱり人の働く環境というのも整備をしないといけない。今、世の中で言われている働き方改革というのを、私どもでは27年前に実施をしたような気がします。何をしたかというと、まず広い敷地に周りに全部芝生をばあっとちりばめて、４３００坪の敷地に１３００坪芝があるのですよ。その芝のところにずっとバラの花が植えてある（図表３－10）。

図表 3-10　現 社屋

提供：第一織物

　もちろん見た環境もそうですし、一番大きく変えたのは休みです。冒頭言いましたとおり、機屋さんというのは、盆と正月以外休まないというのが前提なのです。儲けるためだけではなくて、もう一つ理由があって、水鉄砲で打っているので生地がいつも濡れるのですよ。経糸というのには全部糊が付いていまして、水に落ちにくい糊なのですけれども、少しは落ちるのですね。落ちた糊が濡れているときは柔らかいのですけれども、織機を止めると固まって、かちかちになるわけですよ。そうすると再稼働するときに非常に都合の悪いことがいっぱい起きるというのもあって、お金儲けだけではなくて、ウォータージェットルームというのは止めないというのが前提でありました。

　それを変えようということで、私は工場を移したときから、完全週休2日制ではないけれども、お盆と正月以外に祭日、全日曜日、隔週の土曜日を休みにしようということを決めて、年間95日織機を止める決断をしました。なぜかというと、やっぱり土曜日、日曜日にみんなが働いているのは忍びないと。みんなが人並みの最低限の幸せを感じられるようにつくりたいという形でそうしましたし、そんなにお金のある工場ではないので、敷地内にテニスコートもつくれない、プールもつくれないけれども、せめて社員たちが過ごしやすい形。もう一つは止めても大丈夫な形をつくろうということで、止めても大丈夫。要するに糊が落ちにくい。もう一つ、水鉄砲で打っているので、工場内の湿度が高いのですよ。止めていると、かびが生えるのです。工場内にかびの胞子がばあっと付くのです。かびない建物にしようと。

もう一つは、床のコンクリートというのが、当時、振動公害というのがあって、小さい振動が公害になる場合がある。だったら、徹底して地盤を改良しようと。今は建売住宅でもやっているのだと思いますけれども、当時は珍しかった地盤改良材を入れて、土をかちかちにして、その上に大きいコンクリートを置いて、それで重装備の織機をぽんと置くという形の工場をつくりました（図表３－11）。

忘れもしない、１９９１年の11月11日11時11分にうちは開所式をやります。１を８つ並べて、第一の末広がりというので、縁起を担ぎまして、私も40歳という若い社長でしたから、お客さまを集めて開所式をやりました。華々しい開所式をやったのですが、実はこのパラグライダーの注文が半年しか続きませんでした。１００万人という予測は物の見事に外れ、いろんなことがあって、パラグライ

図表3-11　現 工場内

提供：第一織物

ダーというビジネスが失速をします。ものすごく大きな投資をやって、ものすごく業務改革もやったのに、これは市場予測の間違いで、自分自身もお客さまにメーカーの人と一緒に行っていましたから、同罪で、人を恨むことはできないと。仕方がないよねと。

　ただ、いいこともありました。今まで若い人間が入ってくれなかった工場なのですけれども、工場を新しくして、休みを増やすことによって、新しい、本当に高校であったり、専門学校であったり、当時まだ大卒は採れませんでしたけれども、そういう若い人たちがどんどんどんどん毎年入ってきてくれるようになりました。その子たちが今も会社の中心として働いてくれています。

資材から衣料へ

今、われわれの業界は、北陸だけでなくて繊維業界は、非常に一般の日本人から嫌われる業界になってきて、外国人労働者、特に研修生という名の下に3年間労働を許されている人達に頼っています。昔は中国、今はＡＳＥＡＮ等々の人々がものすごく来ているのが、わが業界の実態なのですよ。ところが、弊社の場合だけで言いますと、若い社員が残ってくれて、その後も定期的に新規採用の方々が入ってきてくれていますので、外国人労働者も研修生も一人もおりません。それこそ、オールジャパンでやっています。

ですけれども、これが失速した後に、いよいよ困りました。こんな大きい投資をしたのに。そのときに来たのがこの高密度の技術で、洋服用のものを作らないかという帝人さんからの声で、スポーツ用のウインドブレーカーを作ろうというので、いよいよ産業資材じゃなくて、人間の洋服に取りかかるわけです。それも賃加工です。ですけれど、そのときに私はちょっと思ったわけですよ。二度あることは三度ある。このまま頼っていいのかと。そもそもこんなに社員をいっぱい預かって、こんなに大きな借金を抱えている会社が、自分で考えることも、自分で見ることも、自分で行動することもしなくて、人の言うとおりになっているって、そもそも間違いじゃないのというふうに思い始めます。

われわれの業界では自分で糸を買って、自分で織って、自分で色を付けて売るということが自販と言われているのですけれども、ここからいよいよその動きを始めます。

売上の資料（図表３－12）があると思うのですけれども、これは過去24年書いてあると思うのですけれども、これは１９９５年、ほぼ自販ゼロです。全部賃加工です。実線が自分で売っている自社製品。点線が賃加工という形でずっと動いています。棒グラフが合計。賃加工と自販の合計とちょっと合わないのがあります。これは余った糸を売ったりとか、そういう売上なので、合計のほうがちょっと多いのはそういうことです。

これを見ていただくと分かるのですけれども、２００８年までぐうんと右肩上がりで伸びてきます。何をしていたかというと、われわれは自分のリスク品、自分で責任を持っているオリジナル商品の売上はどんどんどんどん伸ばしていきました。ただ一方で、賃加工も非常に調子がよくて、織機の台数は限られていますから、賃加工の分をむしろ半分ぐらいを外注に出して、われわれが下請けを使うような形で、賃加工半分、自分のオリジナル半分という体制で売上が20億を超えたのが２００８年です。

見ていただくと分かるとおり、ちょうど3年間で自分で作ったものの売上が2倍になっています。私はいまだに覚えているのですけれども、このとき社員を集めて、臨時ボーナスを出すわ、大宴会をやりまして、社員に、3年で2倍になったと。この売上をあと2年で2倍にすると。「みんな、俺についてこい」と言った覚えがあります。で、その年の9月にリーマンショックが起きました。

図表 3-12　第一織物㈱　過去 24 年間の売上推移

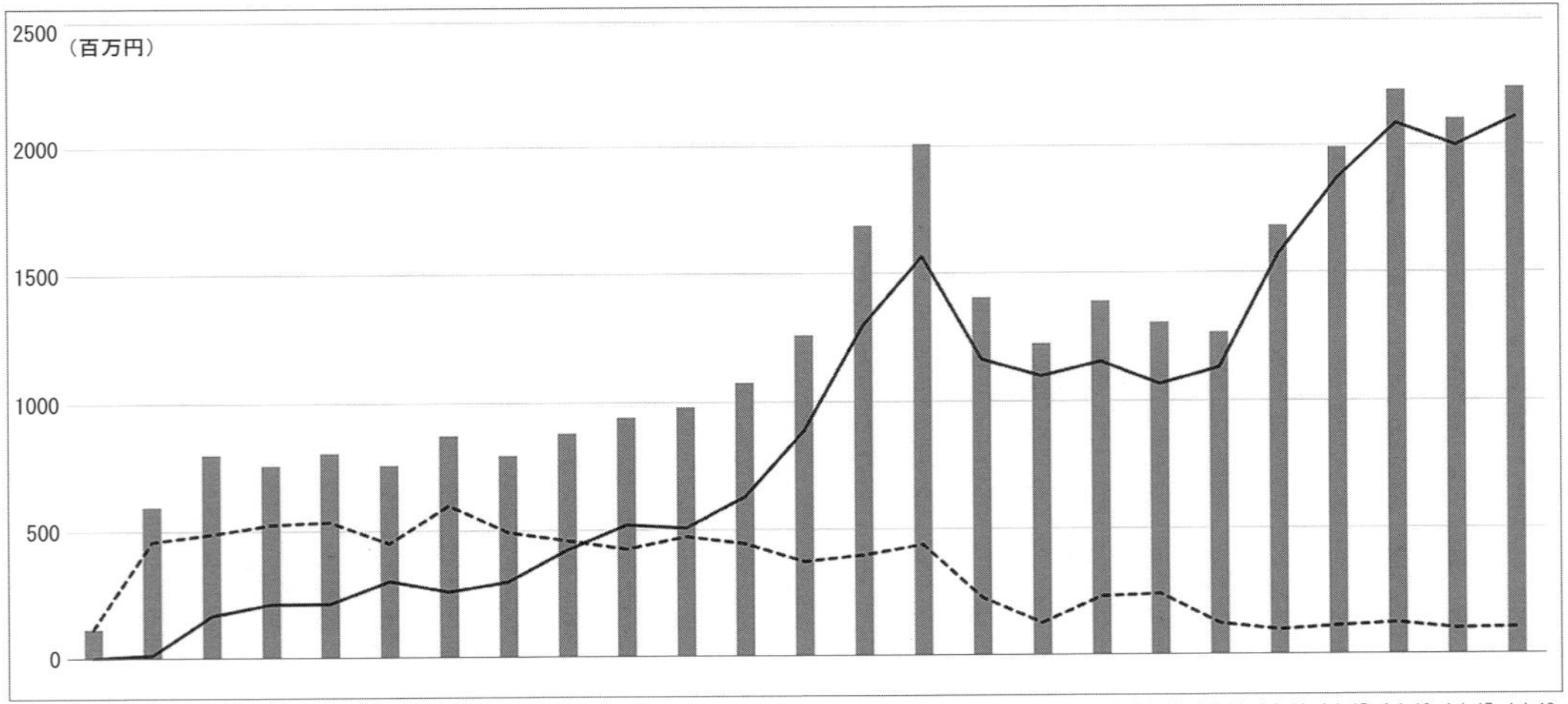

	Jul-95	Jul-96	Jul-97	Jul-98	Jul-99	Jul-00	Jul-01	Jul-02	Jul-03	Jul-04	Jul-05	Jul-06	Jul-07	Jul-08	Jul-09	Jul-10	Jul-11	Jul-12	Jul-13	Jul-14	Jul-15	Jul-16	Jul-17	Jul-18
NET売上	596	801	758	807	759	872	794	881	941	980	1075	1259	1687	2009	1404	1225	1388	1306	1266	1684	1992	2221	2106	2232
売上高（自販）	12	167	212	213	301	259	297	422	521	508	629	887	1297	1565	1162	1097	1152	1065	1128	1570	1867	2086	1998	2110
売上高（受託加工）	459	489	525	535	450	599	493	459	425	473	444	373	398	438	226	127	230	240	122	97	112	123	101	105

提供：第一織物

ですから、ここまでの考え方というのは、完璧に自分で売ることを１００パーセントにしようとは思っていないのですよ。リスクのうち半分は自分でやろうと。半分は合織メーカーの賃加工でやっていこうと。自分のところの設備を増やすのではなくて、産地に下請けを持ちながらやっていこうという形で運営をしてまいったのですけれども、リーマンショックが起きてどんと落ちるのですけれど、このグラフを見ていただけたらお分かりのように、落ちたのはメーカーさんの商品でした。むしろ、そんな大したことないなと思っていた自分のオリジナルというのはそんなに落ちなかったのですよ。落ちているじゃないかって言われるかもわかりませんが、このときに起こったのは急激な円高なのですよ。ですから、量は落ちていないのです。

為替によって売上高は落ちましたけれども、全然量は落ちなかった。それに対して、メーカーさんがわれわれにくれていた注文というのは本当に落ちました。このときから、私たちの考え方が少し変わりまして、それまでは機屋さんが自販をしているというイメージでものをやっていましたけれども、それからはファッションテキスタイルメーカーが自社工場を持っているということで、限りなく１００パーセント自分のオリジナルを販売しようという姿勢に変わってまいりました。

ちょうど２０１３年から売上がぐっと上がってきています。これは何かと言いますと、まさしくアベノミクスです。安倍さんが景気をよくしてくれたからではありません。為替がフォローの風になったからです。一時80円まで行った為替が、今日現在（講演時）も１１０円前後という形で、為替が非常にフォローの風になって、輸出が増えてきました。その結果、この終わった２０１８年７月期において、私たちは小さいながら、史上最高の売上を得ることができた。ただ、リーマンショックの前の20億と、リーマンショック後の22億３０００万は全く中身が違います。というのは、賃加工が４億５０００万ぐらいあるものと、賃加工が1億しかない中で22、23億売っているというところの差が大きいのだろうと思います。

新しいビジネスモデルの確立

いよいよ自販の話をしたいと思うのですけれども、一番最初は日本で売り始めました。日本で売り始めるきっかけとなったのは、話をするとこれでまた1時間かかっちゃうのですけれど、私がそもそも修行に出された会社が大阪のクレープ屋さんでして、肌着をやっている。クレープって分からないでしょう？　クレープって下着用の生地があるのですよ。さらさらしている。その生地がたまたま東京で楊柳という名前で、ファッションのレディース用のブラウスとかシャツに売れ出したということが分かって、私は父親の知り合いのクレープ屋さんに丁稚奉公に出されたのですけれども、２カ月たつとそこの会社の社長が、「おまえ、機屋の息子だから分かっているな」と東京に単身で飛ばされました。全然分からないのに、機屋の息子という理由だけで、2カ月で飛ばされたのですけれども、1年もすると売上ができるようになりまして、かなりその業界で、クレープとかガーゼでは名前が売れるような会社にもなりましたし、私自身も顔を売っていました。

そして28歳で、今度また父親が戻れというから福井に戻って、先ほどお話ししたような物語に入っていきます。まだ顔があったのですね。昔の仲間がいるから、昔の仲間に見せた。そうしたら、これ、今、トレンドだということで、それを販売するようになります。今もそうなのですけれども、日本のマーケットというのは大きな問屋さんがあります。当時はほぼ牛耳っていた問屋さんがあって、具体的にいうと、瀧定《たきさだ》という会社があって、今、瀧定大阪と瀧定名古屋という会社には分かれていますけれども、ほぼ産地のものを全部自分たちが問屋機能として、リスクを持って、買って、そこから各アパレル、ファッション屋さんに売っていくという機能がありました。今もその会社は隆々としています。

昔は今よりもっとすごい規模で、合繊メーカーさんも、紡績さんも全部その瀧定に売っていくという形だったのですよ。ですから、われわれも当然、自分で売ろうと思ったとき、真っ先に瀧定さんに行きます。瀧定さんは「吉岡さん、いいものを作っているね」というので、ばあっと伸びたのですよ。ところが、いきなり伸びたものって、いきなり下がるのですね。3年目になったら、もうあまり顔も見たくないとは言いませんでしたけれども、もうトレンドが変わっちゃってというふうにして、いきなり1億超えの取引が限りなくゼロに近づくのですよ。で、どうしたらいいかなと迷ったときに、日本が駄目なら輸出があるさということで、輸出を決意します。

最初は商社を頼りました。ただ、今もそうなのですけれども、商社って量を扱う。われわれの小さなものは扱えない。もう一つは、やっぱり特殊なものは扱えない。商社に言われたのは、日本製の合繊、ポリエステル、ナイロンって、売れ筋って4ドルまでですよと。あなたのところがやっているやつって7ドル8ドル、これはわれわれは扱えないと言われました。それで仕方がないので、自分で行くしかないなと思って、ある人がぽろっと言った「売れるとしたら韓国、イタリアぐらいかな、ここは良いものであれば高いものが売れると聞いています」という話だったのですけれども、取りあえずそういう話があるのだったら行こうということで、うちの社員は知ってのとおり、さっきから話したとおり、工場でみんな就職してきた子たちなので、そんな自分で売れといっても売りようがない。だったら、仕方がないというので、トップセールスで私がサンプルを持って、海外へ出かけるようになりました。

まず韓国で、今のDAIICHI ORIMONO KOREAというところの社長をやっているアンソックンという韓国人と出会いまして、彼と二人三脚で営業を続けていきます。何を最初やったかというと、ゴルフウェア用の生地を作ったのです。ゴルフウェア用で、リバーシブルで、同じ生地なのですけれども、表と裏で色が違う生地を作りました。それを作って、それを持っていったのが受け入れられて、韓国でやっと輸出ができるようになりました。

次にやったのは、アメリカのパタゴニア社です。パタゴニアは知り合いがいたこともあって、ソフトシェルのストレッチするやつで、ウインドプルーフ。ですから、通気が止まっていて、ストレッチする生地が世界にはないと。そういうのを作ってくれという要望があって、それを作ることに一生懸命注力して、1年後ぐらいにできました。それにプライアンテックスというブランドを付けてパタゴニアに持っていって、パタゴニアは4年間その生地を使ってくれたと思いますけれども。

ですから、一番最初の第一織物の自販、オリジナルというのは、決してファッションファブリックではありませんでした。どちらかというと、目先を変えた、機能性のあるというものを作っていました。ただ、パタゴニアに行っているときに気付きましたのは、この機能で戦っていたら、私は合織メーカーには絶対勝てない。なぜなら、彼らは糸を作ることができる。しかも、彼らの技術陣というのはすごく層が厚くて、スペック商売に入ったら、われわれは勝てない。特にパタゴニアというのは今もそうですけれども、環境にうるさくて、すごく環境問題を言ってくるわけですよ。おたくの会社はブルーサイン（注：繊維業界で環境、労働、消費者の観点における持続可能なサプライチェーンを経た製品に付与される認証）を取っているかとか、それは染め屋さんの話なのですけれど、染め屋さんがある機関が指定しているブルーサインという環境に優しいものを作っているところでやらないと駄目よとか、糸はリサイクル糸じゃないと駄目よということを彼らが言い始めたのですよ。そうしたら、われわれはついていけない。

じゃあ、われわれの活路はどこにあるのか。それはファッションじゃないかと。ですから、一番最初はスポーツのファンクション寄りの商売を始めました。だけど、それだと勝てないと思って、ファッション用の生地を作りました。今日持ってきているのですけれども、これが私どもがファッション用に作った一番最初の生地です。このイヴ・サンローランのサンプル（図表3－13）、これはポリエステルですけれども、50万円もしました。何せ、イヴ・サンローランだから。表地は1000円ぐらいですけれど、裏地は恐らくシルクで何千円もする生地だと思います。この生地はイヴ・サンローランだけではなく、ジル・サンダーも使いました。モンクレールもスプリングコートで使いました。コム・デ・ギャルソンも使いました。世界のそうそうたるブランドが、われわれが作ったこの生地を絶賛したのですよ。意味が分からなかった、何故いいのか。

言われたのは、高密度の生地って、ぱりぱりしているよね、かたいよね、貴方のとこの生地って、やわらかくて畳めちゃうと。こんな高

図表 3-13　DA2200 拡大
（イヴ・サンローラン使用）

提供：第一織物

密度って見たことがない。この生地は実際、簡単なテントぐらい防水性があります。大体、耐水圧千数百ミリあります。10センチぐらいの水圧はびくともしない織物です。

自分でやりながら、自分のよさに気付くことなく売りに行っていたのですけれども、それを言われて何故だろうと思ったのですよ。何故だろうと思って、いろいろ考えたら、分かることがありまして、それはわれわれのものづくりは衣料ではなくて、産業資材だったと。産業資材だと何故そうなるのかというのは、分かりやすく冒頭のヨットの写真（図表3-8）をちょっと出しますけれど、これはヨットの帆の写真ですよね。ヨットの帆とか防弾チョッキもやっていたことがあるのですよ。どういうものかというと、縦と横が均等につった状態でないと、面で受けられないのですよ。例えば、どっちかの糸がつっているということになると、ぽんと鉄砲の弾が飛んでくる、風がぽんと吹いたときに、つっている糸だけでまず受けるのですよ。生地の糸をほどくと曲がっていますよね。われわれはクリンプ（図表3-14）というのですけれど、面で受けるためには、このクリンプの張力が均一であることが一番美しい織物の条件なのです。

われわれは産業資材をやっていたので、例えばスピネーカーというのは、縦横共通なクリンプ、このジブセイルというのは、完全に経糸がクリンプする織物というふうに、産業資材というのは要求特性によって、結構そういうことを要求されるのですよ。もちろん織りの組織によって変わるのですけれども、一番クリンプが出やすい織物というのは、さっきの織機でいうと普通織機です。何故かと

図表3-14　クリンプ

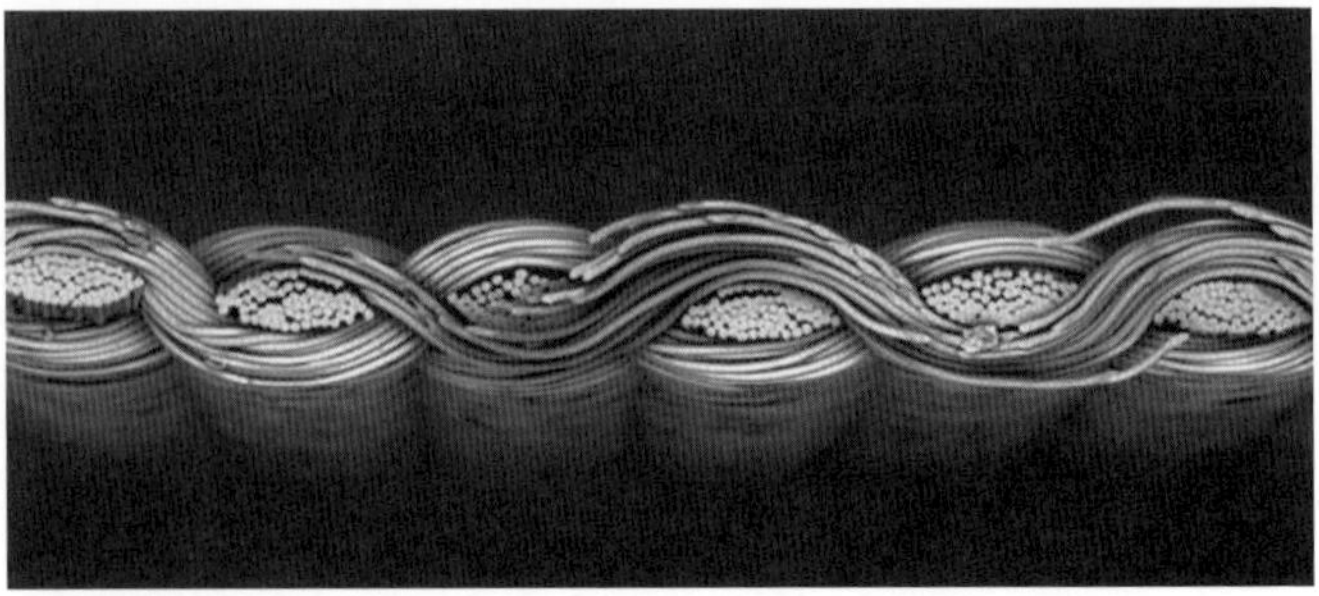

提供：第一織物

いったら、大きい動きでがっちゃんがっちゃんやるから、すごく織り組織が出やすいのですよ。もっというと手織り。一番風合いがいいと言われる手織りは何故かというと、強い張力はかけていません。人間の手でぽんぽんとやる。それが織機が革新織機になればなるほど高速を求められるので、強い張力になってきます。それが糸を均一にすることなのですね。

　大体われわれの織物って、あの織物で経糸は1万本ぐらいあります。今、もう一つ回しますけれども、今、一番のお客さんのモンクレールのロングシーズンダウンというのがもう7年続いています。モンクレールだけで40～50万メーターぐらい毎年買ってくれるのですけれど、ともかく張力を落として、革新織機で織るけれども、普通織機で織ったような作り方をする。というのは、われわれは気が付いていなかったのですけれども、それが第一織物の当たり前の技術になっていたというのに気が付きました。それからは意識するようになりました。意識して作ったのがこの生地です。

この生地は、実はダウン用に作ったわけではありません。どうしてもメンズ主体に、しかも秋冬主体のわれわれのお客さまの中で、どちらかといったら女性が春夏に着る羽織り物みたいな、一枚布でおしゃれなシースルーブラウスを作りたいというので、この生地は作りました。プラダをはじめ、いろんなところがその用途で使ってくれました。それから1年後にモンクレール社から連絡があって、「あの生地、ダウンに使ったらすごくいいのだけれど」。われわれはダウン用に思っていませんから驚きました。当時のダウン用の生地のダウン抜けしないテスト基準というのが、通気度1cc以下でした。空気が抜ける割合を見るのですよ、通気度という感じで。それが低ければ低いほどダウンが抜けないというのが定説でした。

図表 3-15　DN1191B（モンクレール使用）

提供：第一織物

この生地、実はここだけの話、1・2ccぐらいあるのですよ、通気度が。通気度が1・2ccあるのに何で抜けないのですかというと、まさしくこれがこの織物を拡大した写真です（図表3－15）。普通のダウンの生地って、くっと織ったやつを上からローラーでつぶしているのですね。これは違うのですよ。これは一本一本の糸が、皆さん方の資料にもありますけれども、全部くさびのようにきれいに経糸と緯糸が均等に絡んだ状態なのですよ。ですから、糸が太いからこの辺から風は抜けるけれど、全くダウン抜けはしないと。しかも洗濯しようが、乱暴に着ようがダウン抜けがしない。これはモンクレール社から実用テストをやってみて、あんたのところの生地だけが飛び抜けていいと。何故かっていうと、そういう織り方をしているのですよ。風合いを出すために。

第一織物イズム

われわれの商品は、時間の関係で全部はお見せはできませんけれども、すべての生地はそんなつくり方をしています。ハイテクな機械をもってして、スペック商品を競い合っても、われわれは原糸メーカーに勝てません。中国や追いかけてくる発展途上国にも勝てるとは思いません。だったら、われわれしかできない製品の出来映え、今（注：講演当時）もNHK杯をやっていますけれども、私がいつも社員に言うのは、同じ4回転でも、羽生結弦の加点の入る4回転をやろうと。回ればいい、4回転回ったから一緒だろう？　一緒じゃないのですよ。

　これは分かりにくいのですけれども、生地サンプルがあって、これを見ていただくと一番分かるので、もう話は終わりますので、ちょっと来ていただいたほうがお分かりになりますかね。これは何かというと、うちの会社で今言ったような織り方をした生地と、うちの会社にスペースがなかったので、他社で同じ規格で織ってもらったものを同じ染め加工をしたものです。これが弊社で織ったもの。これが他社で織ったもの。何が違うかって、やっぱり風合い、そして何より見た目が違うのですね。これは織物の設計でいうと、経糸はこの糸、緯糸はこの糸、経糸何本、緯糸何本、変わらないのですよ。設計だけでいうと同じものです。だけど違うでしょう？　これが加点の入る4回転。こちらはどちらかというと減点される4回転。日本国内でもこうなのですよ。海外に行ったらもっと差が付く。

　もう一つあるのですよ。これも見てほしいのですけれど、今度は同じ生機。同じ生機でA社とB社で染色加工しました。触ってみてもらえたら分かると思いますけれど、全く違ったものが出来上がります。これは技術の優劣ではないのですよ。生機と染め加工上の設備なり、やり方の相性なのです。私たちはこちらを採ります。こちらを来年から販売していきます。

　ですから、われわれは小さな機屋ですけれど、染め工場12社と付き合っているのですよ。全部味が違うのです。ですから、この織り方をして、世界中の糸を集めてこの織り方をして、一番合う染め屋さんとやる。そこまでやっていたら、データに出ない世界で差がつけられるというふうに私どもは思って、いつも言っているのは、ローテク高感性という言い方をしています。別にローテクというのは、古いテクニカルのマシンという意味ではありません。ハイテクマシンになればなるほど、ボタンを押したら勝手に動いちゃうのですね。それって、日本で日本人がボタンを押すのと、中国で中国人がボタンを押すのと何が違うのか？　できるだけ、人間が工夫する余地を残しながら、そしてできるだけ、手織りだし、例の普通織機の風合いに近いものをひとつひとつ丁寧にやっていけば、まだ日本で作った物づくりは残るのではないかなと思っています。

ですから、われわれの生地ってすごく長い間売れ続くのですよ。もう一つ持ってきているのは生地。これがプラダのメンズ用のセットアップですけれど、これをプラダも5年間ずっと使ってくれていまして、結構長いのですよ。10年以上前に作った生地が今も現役なのです。ですから、モンクレールのダウン生地も7年使ってもらっています。

というふうにちゃんと、それこそ正しい作り方をしたものは、コピーは出てきませんし、残っていくのだろうと。これこそ日本の技ではないかなと思います。

というところで、大体時間になりました。あとは皆さん方がご質問があればお答えするという形に止めさせていただきたいというふうに思います。ご清聴ありがとうございました。（拍手）

質疑応答

【質問者（杉本）】　いろいろお話ありがとうございました。先日（2018年8月）長沢先生と一緒に見学に行かせていただいたときと、さらにまたいろんな示唆を得ました。

先ほどおっしゃっていた人間しかできないローテクの部分ということで、吉岡社長が今一番そういったことに対して高い感性をお持ちだと思うのですが、これを引き継いでいくというのはどうしたらいいのでしょうか。

【吉岡】　私はファッションセンスがある人間とも思っておりませんし、ただ、物づくりにかけるプライドというものだけはあります。例えば私もそうですし、うちの社員にも言うのは、新商品を作るときに、3つ言っています。

1つ目はオリジナリティ。要はどこにでもあるものを作るなと。生地ですから、何千年の歴史があって、どこにでもありそうだけれど、必ずどこか作った人間が分かるオリジナリティがある。

2つ目が一番肝心で、完成度。要は山登りで言ったら、7合目でも駄目、8合目でも駄目、9合目でも駄目。頂点に行ったと自分が思えるまで、人様に見せるな、売るな。誰が決めるの。私たちが決めます。自分たちの誇りでもって、誰かがまだできると言ったら、それはお客さまには見せない。

３つ目は、われわれメーカーが陥りがちな積み上げの値段を付けることなのですね。価値と価格のバランスは取れているかというのをいつも考えるのですよ。こんなすごい作り方をしたのだから高いのは当たり前でしょうでは通らない。

この３つがあったときに初めてわれわれは自分の商品として売っていく。それしか私は、何せセンスがないので、ないものを作ろう、完成度を上げようしかなかったのですよ。うちの社員たちにもそれを言っています。

少なくとも売れ筋のものを作ろうと思うと、できたころ、もうトレンドは終わっているし、結果、うちの会社に来ていただくとお分かりになるのですけれども、１００枚サンプルがあると、どこが違うのっていっぱいありますよ。ただ、弊社が合繊のフィラメントの高密度しか作らないという土俵を決めているので、その品揃えと奥行きは絶対に負けないという形でやっています。

ですから、それをやっていくと多分、うちの社員も全員気付いてくれるだろうと。何となく規範に近いのですよ、物づくりの。黙示的規範というか。うちに入ってきた人間は、ほかでは考えられないかも分からない作り方を皆、当たり前のようにしていますから、この商品開発もそうなるのではないかなと期待をしています。

【質問者（杉本）】 もう一つ追加でよろしいですか。他の人たち、他の会社だと絶対思いつかない発想をして作るという精神性は必要だと思うのですけれど、そういった考え方とか行動規範を誘発するような教育というか、普段から社長が意識して、社員の方たちに言っているようなことってありますか。

【吉岡】　もうたくさんの物を見るしかないのですよね。ともかく世の中にないものを作ろうということを言っていますから。もう一つ『プレバト!!』（注：毎日放送制作のバラエティ番組）ですか、テレビ番組で俳句をやっていますよね。あのときに発想を飛ばすという言い方をするのですけれども、多くの人は飛ばないのが普通です。要は、トレーニングなのですね。もっというと皆、委縮しちゃうので、話を聞きながら、徐々に。遠くは飛びませんけれど、一つの物を見てから、ちょっと遠くのものがイメージができるように変わってきたような気がしています。もう67歳（講演時）なので、社員が育つか、私が死ぬかどっちかなのですよ。

【質問者（後藤）】　本日はありがとうございました。1点質問なのですが、今回モンクレールであったり、イヴ・サンローランであったり、海外のブランドのほうが価値を認めて、御社の素材を買ってということだと思うのですが、なぜ日本のアパレルが、ファッションメーカーがこういったものを買わないと言いますか、手掛けられないのか。

【吉岡】　買っていただいています。ただ、少ないのですよ。われわれは輸出も商社を通していません。ですから、ルイ・ヴィトンであろうが、プラダであろうが、グッチであろうが、そこのデザイナーと直接話をしています。そのデザイナーというのは権限があって、そのまま素材を使うことができるのですよ。片や日本のアパレルさんの場合は、製品を買うことに慣れてしまっています。また、百貨店は不動産屋に、アパレルは小売り屋さんになりつつあるのですね。それでファーストサンプルはわれわれの生地でつくるのですけれど、ときに商社の製品を作っている部隊が、アパレルさんあなたの言う第一の生地使用なら3万円、中国品を使うと1万5000円、あなたはどっちを取るっていうので、皆こっち、となっているのではないかなという気はします。

ただ、ここに来て素材の見直しを日本のアパレルさんがすごくされていますので、特に百貨店さんもセレクトさんも多くなっていて、うちの会社の場合、千駄ヶ谷に支店があるのですけれども、なぜかしら本社にやたら来られますね。東京の方も海外の方も。それぐらい興味を持たれてきているのかなと期待をしていますし、私も日本が伸びてほしいと思っています。

【質問者（若原）】 特に一番最初に社長になられたときに、社員を切らなければならなくなって辛かったというお話のとき、感動してしまいました。その辛さ、社長がお持ちになった社員に対する愛情というか、大切に思っているところにすごい感動したのです。

今、ラグジュアリーというか、トップブランドのこういう生地を作られているという現状を、多分社員の方々というのは、最初ヨットだとか、いろいろ別のものを作っていたときよりかは、もしかしたらそれがさらにモチベーションアップになって、社内の雰囲気というのは劇的に変わったのではないかなと想像したのですけれども、どういう影響があったのか教えてください。

【吉岡】 本当におっしゃるとおり、変わったのは、自分たちが作っているものがどうなっているかが分かるようになったことなのです。ですから、今、海外もそうですけれども、日本で言っても、ＪＡＬでばっと見開きで第一織物のコルディスと組んだとかいうのが出ていて、ああいうやつが出ると必ず食堂の壁に全部貼って、何の品番がこういうふうに使われていますよというのが全部社員に分かるようにしています（図表３－16）。

それも社員からの提案制度で、社長や営業が話をしてくれても聞けないときがあると。ちゃんとビジュアルでみんなに報告しろというので、それをやっていますし、ガーメントもディスプレーをして、ちゃんと分かるようにしていますし、そのことによって、モチベーションはだいぶ高くなったのだろうとは感じています。

【質問者（若原）】 もう一つ。もし、もうそう

図表 3-16　食堂前掲示板

提供：第一織物

であったら恐縮なのですけれども、今、サンプルで持ってきていただいた商品を見て、例えばガーメント、メイド・イン・ジャパンとか、特にそういう記載はないようにお見かけしました。

自分が海外に住んでいた経験もあって、欧米の方々は、日本の素材だったりクオリティーというのを日本人が思う以上にすごい高く評価していることを私も体験したのです。

そこで、そのうち、もしかしたら第一織物さんのマテリアルを使っているということが、さらにその商品の価値を上げるステータスになるようであれば、そういうふうにあえてタグに書くとか、そういう方向性なんかもあるのかなと思ったのですけれども。

【吉岡】まず日本では、すごいいろんな雑誌とかに第一織物の生地を使っているとかいうのは増えてきました。織りネームに入っている場合もあります。おっしゃるとおり、海外は少ないのですよ。海外は少ないのですけれども、唯一、今、プラダから、ネット通販のオフィシャルサイトに第一織物のことを載せていいかという問い合わせがあって、いいですよと答えているのですよ。それが出るとしたら、２０１９年の春ごろから出るはずなので、どうなるかなと思います。

彼らは、理由はいくつかあって、ものすごくプライドが高くて、われわれのブランドで売れているのだからというのと、生地の出もとを明かしたくないという気持ちもあるのですよ。その両方があって、なかなか行きませんけれども、もしプラダがそういうことを出してくれるとしたら、合織では世界最初かもわかりませんね。ゴアテックスとかロロピアーナというのは出るのですけれど、こういう生地ではないですね。

【司会（長沢）】それは楽しみですね。プラダは特にナイロンバッグで当てた会社だから。

【吉岡】ですけれど、あの出もとは明かしていませんでしょう?

【司会（長沢）】確かにそうですね。

【吉岡】あれ、日本製なのですけれど。

【司会（長沢）】日本製だったのですね。驚きました。

最後に私からの質問です。社長がお考えになる「第一織物らしさ」というのを一言でいうと何でしょうか。

【吉岡】こうあってほしいという願望も込めていいますと、売れる・売れないより、いいものを作ろうという会社でありたいなと思っています。

売れる・売れないは結果だと思いますし、いつも社員に言っているのは、トレンドがフォローだといっぱ

図表3-17　現 吉岡隆治社長

提供：第一織物

図表 3-18　サンプルを受講者に説明する吉岡社長

提供：早稲田大学ラグジュアリーブランディング研究所

図表 3-19　質疑応答

提供：早稲田大学ラグジュアリーブランディング研究所

い売れると。アゲンストでもちゃんとしたものは売れる。だから、売れる・売れないに関係なく、自分たちが誇れるものを作ろうと。そんな会社でありたいなと思っています。

【司会（長沢）】　ということは、いいものということが誇れるものということですね。

【吉岡】　そうです。これ、皆さんに言っちゃうと身も蓋もないのですけれど、中には自分が作った事実を消したいものだってあるのですよ。自分で作ったものってそうなのですよ。売れていてもですよ。もう見たくなくなるのですよ。事実すら消したくなるようなものもないことはないです。そういうものを作りたくない。

いいものは何十年たっても飽きません。売れても納得しないものは本当に見たくなくなります。抽象的な言い方ですけれども、本当にあるのですよ。

【司会（長沢）】　今日は、美しさや風合いが素晴らしくて欧州高級ブランドが採用することで有名な超高密度織物の第一織物株式会社 代表取締役 吉岡隆治様に貴重なご講義をいただきました。最後に感謝をこめて拍手をお願いします。どうもありがとうございました。（拍手）

第4章

伝統工芸を未来に繋ぐブランド「HIRUME」

―ファッションから伝統産業へ―

科目名：感性&ファッション産業論
日　時：2018年7月14日（土）10時40分〜12時10分
会　場：早稲田大学11号館9階903号室（馬蹄形教室）
講　師：ファッションジャーナリスト、日本遺産プロデューサー　生駒 芳子
司　会：WBS教授、早稲田大学ラグジュアリーブランディング研究所長　長沢 伸也
音声起こし：吉冨 朝香（WBS生）

〔HIRUME ブランド概要〕

伝統工芸の技やモチーフと，現代的なデザイン，アート，ファッションが出会うことで，化学反応が生まれる実験室。

また，伝統工芸の後継者育成も支援するブランド。

〔講演者略歴〕

生駒 芳子（いこま よしこ）

一般社団法人 FUTURADITION WAO 代表理事
日本遺産プロデューサー
株式会社アートダイナミクス代表取締役
伝統工芸ブランド HIRUME 総合プロデューサー
ファッションジャーナリスト
アートプロデューサー
内閣府・消費者委員会委員
三重テラスクリエイティブ・ディレクター
レクサス匠プロジェクトアドバイザー
カルチャーヴィジョンジャパンアドバイザー
WEF（Women's Empowerment in Fashion）理事
国連 WFP（国際連合世界食糧計画）顧問
一般財団法人 Next Wisdom Foundation 評議員
デザインアソシエーション NPO 理事
NPO 法人 サービスグラント理事
特定非営利活動法人 ACE（エース）評議員
JFW（ジャパンファッションウィーク）委員
杉野服飾大学大学院講師

ファッションジャーナリスト，アートプロデューサー。

『ヴォーグ』，『エル』の副編集長を経て 2008 年より『マリ・クレール』の編集長を務め，独立。ファッション，アート，デザインから，社会貢献，クール・ジャパンまで，カルチャーとエシカルを軸とした新世代のライフスタイルを提案。地場産業や伝統産業の開発事業，地域開発など，地域創生に数多く取り組む。2015 年より文化庁日本遺産のプロデューサー事業を手掛ける。

三重テラスクリエイティブ・ディレクター，日本エシカル推進協議会副会長，レクサス匠プロジェクトアドバイザー，東京 2020 ブランドアドバイザリーグループ委員，東京 2020 オリンピック・パラリンピックマスコット審査会副座長，WEF（Women's Empowerment in Fashion）理事など。

【司会（長沢）】今日は、生駒芳子先生をお迎えしております。生駒先生はファッションジャーナリストのほか、日本遺産プロデューサー。

【生駒】そうです。文化庁の日本遺産プロデューサー。

【司会（長沢）】あと、この間もテレビにお出になっていましたね、東京オリンピックのマスコットキャラクター発表で。

【生駒】そうですね。オリパラのマスコットの選定委員、副座長をさせていただきました。座長が文化庁長官で、私は副座長なのですよ。

【司会（長沢）】だけれど、これに決まりましたというニュースに先生、中央に出ていたじゃない。

【生駒】そうなのですけれども、たまたま真ん中に。

【司会（長沢）】文化庁長官だとおじさんで、フォトジェニックじゃないからでしょう（笑）。

【生駒】そういうことでもないですけれども、たまたま並び位置がそうだったと。

【司会（長沢）】さて、今日のご講演のタイトルは、「ファッションから伝統産業へ」です。ファッションについては、「エシカル＝ラグジュアリーファッションの未来―地球にも社会にも優しい、内側から輝く、サステナブルでトレーサブルなファッションの未来は―」というお話で、そっちのほうから最後は「伝統工芸を未来につなぐ」というような話にまで発展させていただきたいと思います。

それでは、よろしくお願いいたします。（拍手）

プラダを着た悪魔だった日々

【生駒】　ご紹介いただきました生駒芳子と申します。肩書きはベーシックにはファッションジャーナリストですが、最初に私が今まで何をしてきたかをご説明しますと、もともとはファッション雑誌の編集者をしていました。『ヴォーグ（VOGUE）』から『エル（ELLE）』、『マリ・クレール（Marie Claire）』というインターナショナルなファッション雑誌の編集者です。『ヴォーグ』創刊のときに入り、4年間、副編集長をやっていました。その後『エル・ジャポン（ELLE JAPON）』に移って副編集長となり、『マリ・クレール』では編集長を4年半務めさせていただいたという経験があります。

ほとんどの時期、私の人生はフリーランスですが、編集者の間は出版社勤務をしていました。いずれも外資系でした。社長が外人だったので、務まったのだと思います。私もオープンで自由な性格なので、日本の普通の出版社だと多分収まらなかったと思うのですが、外資系ということで生き長らえました。

『ヴォーグ』の4年間（図表4－1）はとにかく刺激的でしたよ！　映画の『プラダを着た悪魔』をご覧になった方は、どのぐらいいますか？　ほとんどの方の手が上がりましたね、結構多くの方が見てくださっていますが、私が『ヴォーグ』にいたので、「生駒さん、あんな意地悪な世界にいたの？」とよく聞かれるのですけれど、必ず答えるのは「実際は、あんなに手ぬるくはないわよ」と（笑）。

この映画の描き方は、本当に手ぬるいなと思いました。ハリウッドがアナ・ウィンター（注：アメリカ版『ヴォーグ』の編集長を１９８８年より務める。映画化された小説『プラダを着た悪魔』で新米編集者をこき使う「悪魔」のモデルといわれる）に気を遣っている映画だと。あんな程度じゃないわよっていうのが私の本当に正直なところの感想です。ヴァニティ（vanity）、虚栄心というか、見栄というか、ファッションはそこが肝ですので、非常に華やかながら、裏側はああいう人間模様も複雑にあるというところです。

その雑誌を経験した後に、２０１０年に金沢で伝統工芸の世界に出会い、それまでのファッションの世界とはちょっと異なる

図表 4-1　パリコレ時代の生駒芳子氏。パリ，ミラノに通い「プラダを着た悪魔」的日々を送っていた。

提供：生駒芳子

伝統世界にシフトした経緯を今日はお話しできればと思います。人生をシフトという言葉はよく聞きますが、本当にそういう瞬間ってあるのですね。まるで天から落っこちてきたようなチャンス、出会いというか、全く偶然にそのシフトは起こりました。

なぜかと言えば、金沢には、私はファッションコンクールの審査委員長として招かれて行ったのです。ですから、金沢に伝統工芸を見に行ったわけではなかったのですが、金沢のある方が、生駒さんのようなファッションの感性、インターナショナルでグローバルな感覚を持っている方に、伝統工芸をぜひ見てもらいたいと考えられ、そういうお誘いで伝統の工房を3カ所回りました。加賀友禅、加賀縫い、象嵌《ぞうがん》という、金沢を代表する伝統工芸の匠のアトリエを訪ねたのです。

伝統工芸との衝撃的な出会い

そのときの体験が衝撃的でした。いずれの工房でも、本当に美しいものを作っていらしたのですね。エルメスやルイ・ヴィトンと並んでも遜色がないぐらいの完成度のものを作っていらっしゃるのですが、全員の作家さんが「未来がない」とおっしゃったのです。僕らの産業は未来がないですよと。後継者もいないし、販路がない、何を作っていいかも分からない。加賀友禅でネクタイを作ったりもされていて新しい試みもなされているのですが。そういう話になって、いきなり衝撃を受けたのですね。こんなに美しいものを作っているのに、未来がないとはいったいどういうことだろうと不思議に思ったのですね。

そのときまで、私はどちらかというとパリやミラノなど外にばかり目が向いていたのですが、金沢での体験で、急速に内側に、足元に目が向き始めたのです。それが２０１０年のこと。そしてその後ほどなく２０１１年3月11日には、東日本大震災が起こりました。その当時、日本中が、日本人とは何だろうとか、豊かさってなんだろうとか、日本探しや生活の見直しが始まるようなタイミングだったと思うのですが、それと機を同じくして、私もファッションだけでひた走ってきましたのが、ファッションに加えて伝統工芸ということで、ものづくりの原点を見直すような活動を始めました（図表４－２）。

今ではついにファッション×伝統工芸で「HIRUME（ヒルメ）」という名前のブランドを立ち上げて、表参道にもショールームを設立するにまで至っています（図表４－３）。皆さんもお時間ありましたらぜひのぞきに来てくださいね。

さて、こんなふうにキャリア街道をひた走ってきましたが、今日はその中から皆さんにお伝えしたいテーマとして取り上げましたのが、エシカル＝ラグジュアリー。エシカルという言葉は、皆さんご存じでしょうか。ご存知ない？

図表 4-2　ピンクの南部鉄器との出会いから，
伝統工芸開発の人生が始まった。
（アンシャンテ・ジャポン製）

提供：生駒芳子

図表 4-3　伝統工芸×ファッションのブランド「HIRUME」を立ち上げ，表参道にショールームを構える。西陣織のコート，加賀繍のスカジャン，江戸小紋のドレス，組紐とパールのネックレスなど，日本の輝きを宿したラグジュアリーな世界を表現。

出典：https://www.hirume.jp

【司会（長沢）】　しっかり教えていなくて、ごめんなさい。

【生駒】　いやいや、ごめんなさいって謝られる必要は全くなくて、未だこういう認知度なのですね。

エシカル・ファッションとの出会い

２０１９年7月4日、5日、6日と、日本エシカル推進協議会主催の日本エシカルサミットが開かれました。環境学の権威の山本良一先生が日本エシカル推進協議会の初代会長で、私は副会長の一人を務めています。日本エシカルサミットの第１回が先週開かれて、品川プリンスホテルで２５０名ぐらいの方、企業の方も集まっていただいて、３日間にわたって専門家がお話をして、ワークショップも行いました。小池百合子都知事も来場され、東京をエシカルな街にすることにとても興味を持ってくださいました。こうしたサミット開催で、少しはエシカルの知名度は上がったかなと思いきや、全然上がっていないということですね。

もう一つ言えることは、消費者庁が3年前から「倫理的消費」調査研究会という会議を始めているのです。そこにも今言った協議会のメンバー、私も含めて数多く入っていますが、日本の消費者庁もこれからは、消費に関しては倫理的な意識を大切にしましょうという向きになっています。

エシカルとは、皆さんならお分かりでしょうけれども、英語で「倫理的、道徳的に正しい」という意味です。非常に硬い言葉なのですね。今日はこの4文字を、ぜひ覚えて帰っていただきたいと考えています。なぜならば、私は長年ファッションの世界に携わり、ラグジュアリーブランドとも交流してきましたが、ファッションの世界では今、エシカルが当たり前になりつつあります。私としては、最終的にはエシカルとクリエイティブを二本柱に考えていて、全産業においてこの2つの言葉が時代のキーワードとなって未来に繋がっていくと、自分ではそう解釈しています。

ＳＤＧｓが分かっている方、ＳＤＧｓを知っている方はどのくらいいますか？　これも、まだまだな普及率ですね。ＳＤＧｓを広めている国連の方に言っておかなければいけないですね。ＳＤＧｓも今日覚えて帰ってください。

ちょっと建前じみたような考え方になるかもしれないですが、大切なことです。なぜエシカルが広まりにくいかも私は一応分析しているので、お話ししていきましょう。

今日の大前提としては、エシカルがイコール、ラグジュアリーなのだということ。環境に配慮したり、エコとかロハスとかスローライフとか、言葉があふれ過ぎていて、そこにまたエシカルが加わるとなると、もうこれ以上、気をつけなくてはいけない項目が増える余地はない――そんな印象を持たれる方も多いと思いますが、エコだけではなくて、社会や人権に配慮することこそが真の豊かさだという意味です。エシカル＝ラグジュアリーとは、誰かの犠牲の上に成り立つ豊かさではなく、人にも地球にも優しい豊かさ、そういう意味です。このスピリットこそが、ファッションの未来を築いていくのではないかというふうに考えております（図表4－4）。

地球にも社会にも優しい、内側から輝く。きれいな言葉を並べているようですが、実はとっても大切なことで、言うなればサステナビリティとトレーサビリティです。今どのようなプロジェクトでも、サステナビリティとトレーサビリティに配慮されていないものは、私はこれから未来がないと思っています。それは不動産のジャンルから、旅のジャンルから、ITの開発においても全て言えることです。この2つのキーワードをクリアしていないと、産業として持続的には成り立ちにくいです。そのことをまず最初に申し上げますね。

ファッションの現状を、今日はファッション界にいらっ

図表4-4　エシカル・ファッションとの出会いは，ピープル・ツリーとの出会いから始まった。「NAKED FASHION」（フェアトレードカンパニー株式会社）にも頼まれ寄稿した。

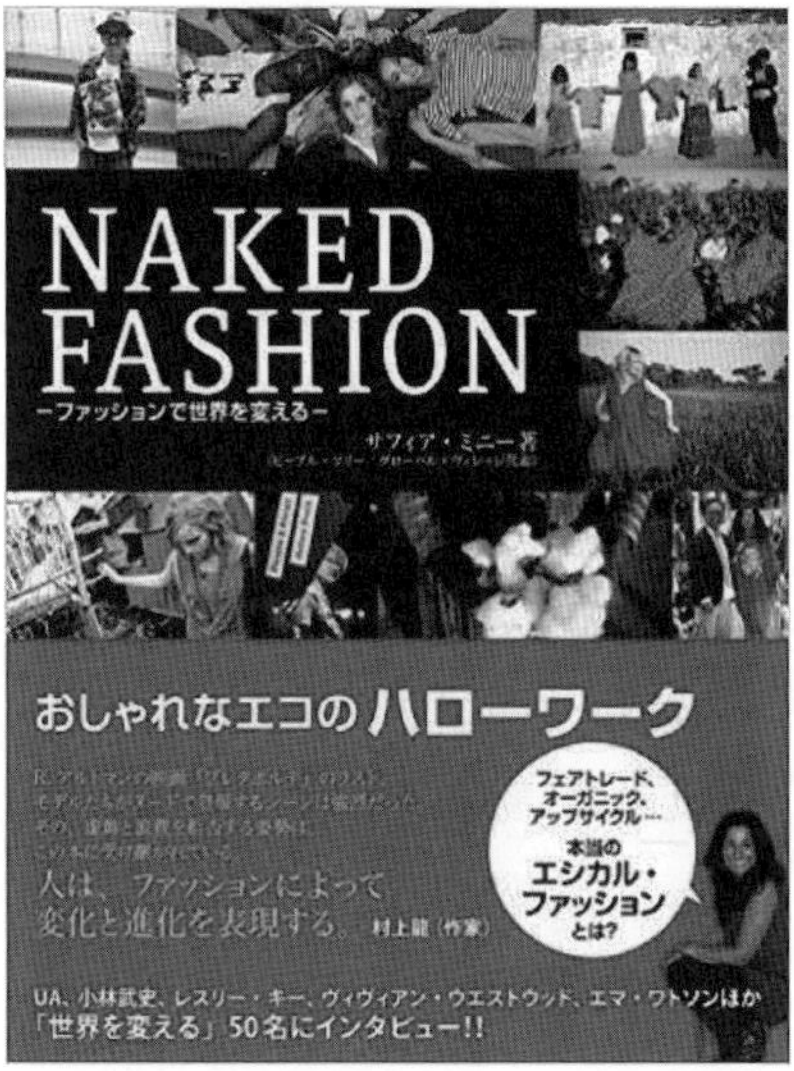

しゃる方は少ないようなのでお話ししますが、パリコレ、ミラノコレも変貌しつつあるのですね。主役はデザイナーからインフルエンサーに移っています。これは世界中のジャーナリストが言っています。どのジャンルでも同じですよね。消費者目線、それからインスタグラマー、ブロガー。20年前は、ファッションショーの写真はプロのカメラマン以外は撮ってはいけなかったのです。なぜなら企業秘密というか、新しい作品をコピーされてしまうという心配があったから。それで会場はひっそりとしていたのですが、今では、パリコレは全員がスマホを掲げて撮影して、その場で世界中に配信しています。インスタグラムでは、生中継もありです。全然、時代が変わりました。そういう意味で、やはり着る側が主役だという時代になっています。

あと、プレタポルテとオートクチュールって、皆さんご存じですか？　プレタポルテは既製品であり、機械生産される衣服。オートクチュールというのは注文服です。1着２００、３００万円するものもあります。その人の体のサイズにぴったり合う服を作るので、手間も時間もかかるので高価になります。世界にいる顧客の数は何百人とかという限られた数です。２００人なのか、２０００人なのか。年間に２０００万から３０００万円とかするオートクチュールを買う顧客は、ごく一部の富裕層ですが、確実に需要はあります。中東にもロシアにもヨーロッパにも日本にもいますし、中国にもいます。そういう意味で、ファッションの世界でオートクチュールが一番高価ですね。ハイエンドの世界にはオートクチュールやラグジュアリーブランドがあり、中間にプレタポルテ、そしてマスマーケットに向けてファストファッションが広がります。

マーケットの二極化問題

２０００年を超えてからの状況を省みると、ファストファッションが一気に隆盛してきて、マーケットの様相がいきなり変わってしまいました。つまり、プレタポルテの領域が危うくなったのです。逆に、ハイエンドの世界は堅調です。今、時計は、２００、３００万円といった高価なものから売れるという時代です。まさに、マーケットの二極化現象です。50万円以下は逆に売れにくいとか。

なので、ハイエンドの世界がすごく強い時代であり、一方で、安価でおしゃれなものがタイミングよく提供されるファストファッションが力を持ってしまっている。そこで、マスマーケット層は、日々の欲求が満たされるのですね。簡単な欲求は満たされてしまう。でも、ファストブランドも十数年たった今は、陰りも出始めています。銀座店を撤退するファストブランドも出てきています。マーケットの流れ、変化が、とても速いです。

その意味で、今、完全にマーケットは二極化していますが、オートクチュールは１９５０年から始まって、一時期は百いくつとかブランドがありましたが、２００５年に本当に少なくなり、一桁台になってしまった。なぜならオートクチュールの厳しい条件を満たすブランドがどんどんいなくなっている。今まで日本人で活躍できたのは森英恵さんだけです。

２００５年にあまりに少なくなった時に、協会が考えたことは、そのルールを随分緩くしたのです。そうしたら、途端に若いクリエイターが参加するようになったのです。マーケットの変化の激しい時代には、誰もが在庫を持ちたくないと考えるわけです。その点、注文服の世界は、在庫を持たずに済むわけです。その代わり、注文してから、欲しいと思った時点から、３カ月後などの納品となります。私も今、ブランドを作っていますが、実際にはこのオーダー方式は、小売りの現場ではすぐに売上に繋がらないので機能しづらいシステムです。なので自分でショールームを作りまして、そこで販売していこうと考えを切り替えています。あとは、ネットでの販売もあります。こんな風にマーケットはどんどん変容し、多様化しているのですね。

なので、パリのオートクチュールで何が起こったかというと、若いアバンギャルドなデザイナーが入ってきて、森英恵さんの後、日本からは14年間デザイナーが出なかったのが、中里唯馬《なかざとゆいま》という、非常に前衛的な新しい考えを持ったデザイナーが協会の許可を得て発表しています。そういう意味で、今、オートクチュールが刺激的と言われています。極めてアーティスティックな表現、実験的な衣服が生まれています。

コマーシャルな力が強くなると、デザイナーは実験できなくなるのです。売れるものを作れと言われると、普通の凡庸なものしか作れなくなる。とはいえ、デザインというものは常に革新的な世界が、進化を促すのです。ココ・シャネルがひざ丈のスカートを発表したことは、その当時まさに革命だったのですよね。男物のパンツを女性が穿くスタイルを打ち出したことも、革命だった。こうした革新が、いずれファッションのスタンダードになっていく。その繰り返しです。

　そういう意味で、クリスチャン・ディオールも戦後、まだ物資が十分にないときに何十メートルという布を使って、お花のようなドレスを作ったことも、当初はバッシングされました。いつの時代も、革新的なファッションというのは、初めはバッシングの洗礼を受けるものです。コム・デ・ギャルソンも、80年代にパリに進出したときはジャーナリストにかなり辛口に書かれました。穴あきのぼろぼろの服、真っ黒なスタイルに、拒否反応を示す人がいる一方で、半分のジャーナリストが「ワオ！」と称賛するわけです。これは新しいファッションだ！と。ヨーロッパからは出てこない、日本からならではの表現だと。それが今や、世界中で支持されているブランドとなっているではないですか。

　なので、逆に、最初に叩かれない、話題にならないブランドは伸びないというのがわれわれの考える原則なのですね。そういう視点で考えると、オートクチュールが実験場に今なっていることはとても意味深いことです。

ラグジュアリーブランドの改革期

あと、今はラグジュアリーブランドの改革期でもあります。ラグジュアリーブランドは、グッチでもルイ・ヴィトンでも、２０００年を超えてからはクラフツマンシップを強調しています。高価なアイテムを打ち出しているので、ものづくりの背景を紹介するために、フランスやイタリアの村から職人を呼び寄せて、デパートの店頭で縫うワークショップを開催するような機会が増えました。そういうふうな伝統工芸、手作業のアピールが、ここ十数年盛んに起こっています。

伝統を革新していく。われわれが学ぶべきは、ラグジュアリーブランドの革新力です。ルイ・ヴィトンは村上隆と組んで、２００３年、モノグラム・マルチカラーを出しました。あのときは、本当にビッグニュースとなりました。この新しいモノグラムが売れるだろうかと皆が思ったものですが、実際には、ものすごい売上に繋がったのです。ＬＶＭＨの総帥のベルナール・アルノー氏が言った言葉が忘れられません。「すごい売上である。僕はうれしいが、と同時に怖い。なぜなら今後、これ以上売れるものを作れるかどうか、分からないからだ」と彼が言うくらい、ビジネスに繋がったのです。村上隆がマーク・ジェイコブスというその当時のデザイナーと組んで実現させたプロジェクトです。私もそのとき取材をしたのですが、本当に密度濃く、とても革新的なことが行われたと言う印象でした。

今、ファストブランドの業績が下がりつつあるので、今後ファストブランドはどうなるかについて考えてみたいのですが。ユニクロは自らをファストブランドとは呼んでいません。ファッションとも呼ばない。ユニクロは衣料品と呼んでいます。あくまで生活品であり、ファッションではないと。もう一人、ファッションという言葉を使わない方が、デザイナーの三宅一生氏です。三宅氏は、自分の作るものはデザイン領域のものであり、ファッションではないと。ファッションは移り変わっていくけれど、デザインは時代を超えて永遠の価値を持つ、という意味合いですね。衣料品へのこだわり、デザインへのこだわり、それぞれのこだわりがあるのです。

そして最近の動向は、価格競争からクオリティ競争へのシフトです。一時期、リーマンショックの後は価格ドットコムが話題になり、それ頼りだったのが、今は少し変わってきて、多少価格が高くてもいいものが欲しいという傾向が出てきています。長く使えるもの、自分が本当に心底愛せるものが欲しいという傾向が強まっています。

本物を探す。ぬくもりのあるものを探す。「一生もの」ってありますよね。80年代、90年代のバブル期に雑誌から消えた言葉です。ブランドにしてみたら、一生ものを求められたら、物が売れなくなってしまう。だから、メディアから一時期は、この言葉は全部消えたのですよ。私は雑誌を編集していたから分かるのですが、「一生もの」という言葉は消えてしまったと思いました。それが今、また復活し始めているのですね。

あとメンズの世界では「一生もの」って、結構ずっと続いていますね。メンズはすごいこだわりの世界ですから。今、レディス以上に、メンズファッションがすごく勢いがあります。例えば、中国で日本のブランドが売れていると聞きますが、メンズは圧倒的です。レディスは逆に売れにくくなっている。男性のファッションへの抵抗感がなくなってきたという、社会的な意味合いもあると思います。

社会貢献と文化貢献が両輪になる時代

基本として、社会貢献、文化貢献の両輪が未来を牽引すると書きました（掲載省略）。これが私の考えていることです。社会貢献、つまりエシカルですね。それと、文化貢献。今、主要ブランドは皆、ミュージアムを持っていますね。なぜでしょう？　そこにヒントがあります。アートから受ける刺激は、クリエイターにとっても経営者にとってもすごく重要なのですね。それは未来に繋がるインスピレーションであり、新しい価値感を生み出すからです。ファッションだけで、あるいはデザインだけで考えようとすると、小さくまとまってしまう。なので、アートのある種、破天荒な無限大の想像力の宿るインスピレーション世界とコラボレーションすることで、常に新しい発想、新たな価値観を持ち得る。社会貢献と文化貢献、これが私は21世紀のファッション産業革命の柱なのではないかというふうに思っています。

エシカル・ファッションの始まりを皆さんにお伝えしましょう。90年代半ばに浮上した不都合なファッションの裏事情を、私は今も忘れもしません。95年といえば、ウィンドウズ95が登場し、インターネット元年と言われている年ですが、そのころから欧米のジャーナリストが、暴露記事をネットに書くようになりました。ある有名なスポーツブランドが、途上国でスニーカーも履けないような子供たちに一日中スニーカーを作らせていた、低賃金で、学校も行かせずということが明るみに出たのです。それでみんなショックを受けたわけです。スポーツブランドのアイテムは、比較的安価ですよね。その多くを途上国で生産しているのですが、その実情の一つが先ほど言ったような児童労働だったのです。

その後そのブランドは、手のひらを返したように社会貢献活動を始めています。〝エシカルウォッシュ〟という言葉もあって、表面的にいいことをしていますよとアピールすることで、その企業の非エシカルな側面を隠すという見方も出てきました。そういった発想には気を付けなければいけないけれども。このような状況の中、一気に90年代、環境汚染や人道的な問題が明るみに出ました。

エシカルの鍵は環境問題と人権問題

ファッションに関していえば、実は深刻な環境汚染も見逃せません。皆さん、農業とファッション、どちらが水を多く使うと思いますか？　実はなんとファッションなのです。ファッションは、農作物でもあって、コットンの栽培には大量の水を使います。その上、工場では大量に水を使います。染めるし、洗うし。染料の中に環境に有害な物質が入っている場合、排水が深刻な環境汚染を起こす。そのことが今までは全然見えない部分だったのです。２０００年前後から、ファッションは表面はきれいなのに、裏側をのぞくと、農薬の問題から工場排水の問題まで、汚い部分がたくさん隠れている、一体どうなっているのか？といったところがどんどん出てきた。資源である水も大量に使っていると。

児童労働の問題のことを聞いたことがある方、これはかなりいらっしゃいますね。身近なところでチョコレート、カカオ、それからコットンです。この写真（図表４－５）はＡＣＥという、２人の日本の女性が始めた組織ですけれども、児童労働をなくすという強い想いで立ち上がられました。実際に、児童労働を止めるために、インドの村のコットンの畑にまで出かけて行くのです。そして畑のオーナーに、おたくで働いている子供たち、働かせないで、学校に行かせなさいと指導する。警察と一緒に行って、児童労働を止めさせる、この世の中から児童労働をなくしましょうという想いで具

図表4-5　児童労働をストップさせる活動を徹底的に，持続的に行っているACEのホームページ。

出典：http://acejapan.org

体的な活動をしている人たちがいるのです。ここ（掲載省略）に書きましたが、世界の子供の10人に1人が、義務教育を受けられず、危険で有害な労働をさせられているという現実があるのです。中には学校も行かずに、兵隊に入らされているお子さんもいます。

このコットン畑で働く女の子は4、5歳です。まだ、小さいでしょう？　小さい子のほうが背が低くて、手が小さくて、おしべとめしべを受粉させる作業には便利であるという判断から働かされている。ところが、この作業では、農薬まみれになってしまう。体に害も出るし、学校にも行けない。一生涯がめちゃくちゃになってしまう。そんな状況で、まるで機械のように子供たちが働かされている。そういう児童労働の現状がこのころから明るみに出てきたのですね。日本に生まれると、そんな状況は無縁のように思われがちですが、実際には途上国にある現実であり、我々が購入しているものの中にも、そういった状況と関係しているものも少なくないのです。

２０１３年、バングラデシュで縫製工場の崩落事故が発生しました。商業ビル「ラナ・プラザ」で起こったことですけれども、これは衝撃的な出来事でした。１０００人以上もの作業員が亡くなりました。安普請の工場が自然崩落したのです。なぜでしょう。なぜだと思いますか。大量の作業員に、大量の機械を入れ、安価な労働を強いる。なぜこのようなことが起こったのか。欧米のファッションブランド、とりわけファストブランドが、バングラデシュの劣悪な労働環境や安価な労働力に依存して経営利益を上げている状況が浮き彫りとなったのです。もっと安価に仕上げて欲しいという声にこたえて、バングラデシュの工場長が、作業員をたくさん入れて、機械をたくさん入れて低賃金で働かせる。その要求がどんどん加速して、持ちこたえられない状況が生まれて、自然崩落して、下半身をなくした方、死亡した方などが１０００人以上となり、大変悲惨な事故となったのです。

このときに、この工場に発注していた欧米のブランドが取った行為が、私には衝撃的でした。なぜなら、謝るどころか、トカゲのしっぽ切りです。この事件は、私たちには関係ありません、と言うのです。その上、こんなひどい工場には二度と仕事を頼まないで欲しい、みんなでこぶしを上げようと、署名活動を始めたときには、私は大変驚きました。なぜなら、安価な仕事を頼んでいたのは、価格を低くしなさいとリクエストしていたのは、あなたたちではないのですか？と言いたかった。欧米は契約社会ですから、そこはしっかり、トカゲのしっぽ切りになっている。それでバングラデシュのこの工場長が責任をとらされて、事態は収拾したわけです。

私は、この現状は全くエシカルではないと思いました。事実、ファッション界ではものすごくインパクトのある事故だったので、この事件以降、途上国での生産現状や、エシカルという概念はどんどん出てきています。これはファッションの現状だけに止まらず、途上国の置かれている状況の一端に過ぎないと言えます。

エシカル・ファッションの背景

ここでエシカル・ファッションの歴史を少しお話ししておきましょう。エシカルというのは、英語で道徳的な、倫理的なという意味合いですが、道徳的に正しい、ちょっと硬い言葉ですね。実はファッションには、あまり似つかわしくない言葉です。ファッションはワルの産物、不良の産物だなんていう表現もあるわけで、エシカルを表立って謳うことがおしゃれではないという考えもあります。エシカルという言葉はそもそも、イギリスのブレア政権下で出てきた言葉で、それまでは一般名詞でした。アフリカの飢餓政策、貧困対策のために「エシカルポリシー」をブレア氏が打ち出し、そこからイギリスの全企業が「ビー・エシカル〝be ethical〟」と言い始めたそうです。

イギリスは、フェアトレードの最先進国ですね。私も、イギリス人と意見交換をして分かってきたことがあります。なぜ彼らはフェアトレードやエシカルの先進国になれたかというと、過去に植民地の歴史があるからです。植民地政策ほど非エシカルなものはなかったのです。今現在、インドに40％ぐらいいるスラム層は、植民地政策の後遺症です。一部のマハラジャとだけ繋がり、多くの人々を便利に低賃金で使っていたわけです。植民地がもたらした後遺症は、アフリカの貧困層に見られるわけです。そうした状況に対して、イギリスがこの過去に起こした課題を克服しなければ、未来には向かえないということで、エシカル政策が掲げられ、と同時にフェアトレードの盛り上げが起こりました。

一方、日本はどうでしょう。申し上げたように、フェアトレードは、今30％ぐらいの認知度となり、だいぶ広まってきてはいます。エシカルも少しずつですけれども認知されていますが、なかなか広まりません。私もいろいろ考えましたが、これは、日本における第二次世界大戦の戦争処理の問題の曖昧さと関係していると思いました。日本は、被害者でもあり加害者でもあり、被害者でもなく加害者でもない、みたいな、曖昧な意識しかありません。日本の教育において、戦争教育はとても不十分です。ドイツなどは、徹底的に戦争で何が起こったかを若者に教えます。日本は、全く教えられていません。教科書でも10行ぐらいの記述しかありません。戦争のときに自分たちが何をしたかという歴史的な裏付けがこの国の人々の意識の中に薄いということが、途上国への認識が十分でない事に繋がり、エシカルやフェアトレードに踏み込めない。そういう原因もあるのかなと、想像ですけれど考えています。

パリでは２００４年から、パリコレの後にエシカルファッションショーが開催され、今はドイツで開催しています。あとロンドンでエステティカという、フェアトレードとかオーガニックとかリサイクルのブランドだけを集めた大きな展示会が開かれています。ニューヨークでもフューチャー・ファッションと題して、ダナ・キャランなどトップデザイナーが、オーガニックコットンを使ってトップコレクションの発表を、バーニーズの窓を飾ったり。そんな動きが始まっています。

日本では私が一番感じるところでは、ここ十数年、大手デパートでのエシカルプロジェクトが始まっています。小売業の現場や消費者の反応の方が、早かったですね。むしろ政府の動きはやや遅めでしたが、今はＳＤＧｓの追い風もあって、消費者庁を中心にして動きが出始めています。

あと、東京２０２０オリンピック・パラリンピック競技大会を目の前に控えている今、考えられることは、オリパラの機会にこそ、エシカルを普及させていただきたいということ（注：２０２０年3月、開催を1年程度延期することが発表された）。ロンドンでもリオでもそうでしたが、例えば選手に供する食事は全部ビオやオーガニックを基準にするなど、様々なエシカルな配慮があったことはご存じでしょうか。日本でもぜひそれを実現していただきたいと思っています。

エシカル・ムーブメントの源流

エシカルのルーツを少しお話しします。

エシカルにおいては環境汚染の問題が大きいのですが、自然環境の汚染に関していうと、化学的な薬品や物質が大量に世に出てきたのは20世紀初頭のことです。食品を保存する添加物など、化学的な物質が産業構造の中に入ってきたのですが、その反動というか、揺り戻しがあったのは、60年代、70年代のヒッピーやフラワーチルドレンの動きです。それは、自然に帰れという一種の運動だったと思うのですね。バック・トゥ・ルーツで、オーガニックに、原始人のように暮らそうよと、そんな傾向が強まりました。

その当時、『沈黙の春』という書物が出版されました。レイチェル・カーソンという生物学者が農薬問題に警鐘を鳴らした一冊。化学物質の危険性を謳った本で、半年間で50万部を売り上げたそうです。そしてこの本が、のちに、アメリカの環境保護運動を起こすきっかけになりました。今や、オーガニックやエシカルのバイブルとなっていますね。彼女が１９６２年に書いた本ですが、今読んでも十分に示唆的で学べるものがあります。

あと80年代、１９８９年、フェリックス・ガタリというフランスの哲学者、『三つのエコロジー』

という本を書きます。エコロジー、人類が豊かに暮らしていくために必要な要素を3つ挙げます。まずは自然環境、木を守ろう。これは分かりますよね。もう一つは社会環境、人の生活ですね。これも分かります。自然と人の生活環境、社会環境。もう一つ、大切な要素があると。この3つがバランスが取れると、エコロジーは完結するとガタリは語ります。この3つ目の要素は何だと思いますか。自然と社会ともう一つ、何だと思います？　分からない？　何でもいいですよ。間違えても何でも。自然、木を守ろう。人の社会を守ろう。もう一個。重要な要素。最も重要な要素かもしれません。

【受講生】思いつかないですね。

【受講生】技術。

【受講生】文化。

【受講生】経済。

【生駒】もう一つぐらいない？

【受講生】未来。

21世紀は心のエコロジーの時代

【生駒】　未来ね。それも良い回答ですが。答えを言いますと、心なのです。人の心。人の心理。リーマンショックが起こったときに、企業が生き残るために、たくさんの人がリストラされました。さあ、企業は生き残りました。じゃあ、人の心はどうでしょう？　リストラされた方々の心は、ずたずただったかもしれません。社会は、人の心の有り様で空気が作られますから、人の心理が病むということは、社会全体の空気が悪くなるということです。あの当時は、社会全体が少し病んでいましたね。企業が生き残るために人がどんどん職を失うと、社会全体が病んでくる。

　人の心のエコロジーというものがきちんと守られないと、地球全体のエコロジーは完結しない。いくら木を守っても、いくら経済を成長させても、スマートシティを進化させても、人の心が豊かでないと、地球は健全になりません。とにかく、人の心を第一に考えましょうというのがこのガタリの、哲学者ならではの考え方です。

　今、インターネットが普及して、人の心理が一瞬にして左右されてしまう世界観が出てきています。うまくすればインターネットを使って、人の心を豊かにもできるし、ネガティブにさせることできる。だから今こそ、本当にきわどい立ち位置に来ている、インターネットとの付き合い方を考えなければならないと、よく感じます。

サリー・フォックスは、昆虫学者です。いつも、学者が危機を私たちに伝えてくれますね。昆虫学者の彼女は、昆虫がどんどん農薬で死んでいくのを観察して、これは危険であるということで、彼女自らが、オーガニックコットンの畑の開拓者になるのです。とても興味深いアクションですね。１９８９年の出来事ですが、このころからアメリカにある広大なコットン畑が、少しずつオーガニックに変わってきている。農薬散布もなくなるし、そういう意味でとてもエシカルな状況に向かっています。

エシカルこそが21世紀のラグジュアリーであると、私は言い切っています。プロフィットエコノミーからソーシャルエコノミーへ、ウィンウィンの経済、犠牲のない豊かさ。これは今、皆が謳っていることですが、その基本は、サステナビリティ、継続していくというスピリットですね。

日本はもともとエコでエシカルな国

あと、なぜエコやエシカルがこの国で広まりにくいかということの一つの分析ですが、日本人にとっては当たり前のことだからなのではないか、と考えています。江戸時代は、人々の暮らしは、と質素な生活を強いられていました。その町民が、物がなくても豊かに暮らすという文化を生んだのです。これはとても特徴的な文化です。

明治初頭に日本に来た外人が全員驚いたのは、町民たちがお金は持っていないのに、ものすごく充実した文化や教育を発達させていたこと。まさにアナザープラネット、別惑星に来たみたいだと、その当時の外国人は日本のことをそう表現しています。そこにはいろいろな意味合いがありますが、このファーイーストに、こんなに高度に進化した国があるとは信じられないと。日本の江戸時代を省みると、誰もが驚いてしまうくらいに、質素に暮らす、つましく暮らすエコな精神が行き渡り、長屋で病人がいたらおかゆをつくってあげる、赤子が泣いていたら面倒を見てあげるといった助け合う互助作用が、普通に浸透していた、そんな国民だった。第二次世界大戦後は、そのDNAがすっかり断ち切れてしまいました。ところが、足元にはエコやエシカルの精神がもともとあるので、声高にエコ、エシカルというと「なんで?」とか、「わざわざ言う?」など言われてしまう。

当たり前のことだから、声高に言うことに違和感を感じるのかもしれません。私は『マリ・クレール』の編集長をやっているとき4年間キャンペーンをやったのですよ。最初、赤ちゃんと子供の命を守ろうという「ホワイト・キャンペーン」。次に、日本人の愛のエンゲル係数をあげる「ラブ・キャンペーン」、地球環境を守ろうという「プラネット・キャンペーン」、最後には、バラの花を売って途上国の子供たちに学校を作ろうという「ローズ・キャンペーン」を展開しました。とても早い時期に、社会貢献キャンペーンを雑誌でやっていました。

ファッション誌における挑戦

ファッション誌においても、社会問題や社会貢献のことを、同時に考えていきたいなと思ったのです。２００４年当時の日本には、そんな女性誌はありませんでした。今でこそ、あちこちの雑誌でチャリティや社会貢献を取り上げていますが、当時は全然なかったのです。『ヴォーグ』や『エル』も、海外では社会問題を含んでいますが、日本に導入される時点で、社会的な要素は脱色されるのです。日本の出版社だと、こういった社会的なテーマは避けるのです。「社会的な問題を取り上げても、売れないよ。女性は、読まないでしょ」みたいな意見が大半でした。出版社の管理職はほとんど男性社員ですから、ましてやそうなる。

だけれど私は、外資系の出版社にいたので、フランス人やイギリス人の社長でした。彼らに話すと、「ワオ！　素晴らしい」みたいなことを言われる。欧米の人々は、キリスト教的考えで「ノブレス・オブリージュ」（富めるものには社会に貢献する義務がある）の精神があるので、「ぜひ、やってみてください」と奨励されて、4年間、社会的テーマのキャンペーンを展開できました。そういう意味合いで、私はとても良い機会をいただきました。エシカルは、トレンドではなく、哲学として定着させなければならないテーマです。いずれエシカルの冠が取れて、エシカルであることが当たり前になればいいなと思っています。

これ（図表4-6）は私がやっていた『マリ・クレール』の特集です。ファッションモデルを連れていって、撮影と取材を現地で行いました。ツバルという、温暖化で地球上で最初に沈む島、海抜1メート

図表 4-6　マリ・クレール日本版 2007 年 2 月号（アシェット婦人画報社）より。1 年間かけて地球環境を考える「プラネットキャンペーン」を展開。こちらは，海抜 1 メートルの島，ツバルにて，レポートとファッション撮影を行った誌面。地球環境を考える女性のことを「プラネット・ウーマン」と名付けて特集を組んだ。

ルの島です。海を背景に、ダナ・キャランという環境問題に取り組んでいるブランドの服を着ていただいて、彼女を撮影しました。小学校を訪問してもらったり、海の様子をみていただいたりして、地球環境を考えようと言う記事を作りましたが、彼女もすごく熱心にリポートしてくれましたよ。ゴア元副大統領の映画『不都合な真実』が日本で上映された年のことです。これが『マリ・クレール』で２００７年に展開したプラネットキャンペーンです。

あと、セレブはエコリュクスしている、と言う特集も組みました。エコリュクスという言葉は、２００５年にルイ・ヴィトンの企画を手がけたときに考えました。エコとリュクス、とは一見相反する言葉のように思えますよね。エコは質素で、ぜいたくしてはいけないみたいな感じがあり、リュクスとかラグジュアリーは贅沢を象徴しますから、水と油のような関係だと思っていたのですが、２００５年、ルイ・ヴィトンが環境宣言した時に、その考えが大きく変わりました。ＬＶＭＨ社は全社を挙げて環境に配慮した活動を展開する、と宣言されたのです。正確なことをいうと、90年代頭から取り組んできたそうです。ついこの間の発表会では今年で25年になると宣言されていました。取り組みがとても早いですね。

ルイ・ヴィトンが２００５年に新たに宣言をしたテーマは、輸送の一部を船便に切り替えるという内容でした。CO_2が地球温暖化上の大きな問題となっていて、貨物の半分を船便に変えることで、CO_2排出量を減らすことができる。早く届けなければいけないものは空輸で、ゆっくり運べばいい定番ものは船便で、という宣言をされたのです。

その当時、私は、ルイ・ヴィトンのプレスツアーで、南仏の塩田を訪ねています。最初は、なぜ塩田を訪ねるのか、よくわからなかったのですが、塩田の塩の山の上にまで立ったことを今でもよく覚えています。そのあと、愛知万博が開催され、そこにルイ・ヴィトンが出展したのですが、そのパビリオンが南仏の塩で作られた瓦で構成された建物でした。円形の塩を固めて作った瓦を積み上げた、まさに塩のパビリオンでした。これから船便を大切にします、というメッセージですね。環境保護宣言を、とても美しくクリエイティブに表現しています。

エコとラグジュアリーは繋がる！

この体験から、エコとラグジュアリーの世界は繋がる！と感じ、「エコリュクス物語」という記事を10ページ特集しました。ルイ・ヴィトンの古いトランクを借りて、船旅の風景を作り、そこでファッション撮影しました。

また、この表紙は、ハリウッドのセレブ、キルスティン・ダンストですね。この頃から、ハリウッドセレブは全員がこぞって、社会貢献を始めました。今や世の中のスポットライトを浴びる人で、社会貢献をしない人はいないというぐらいの時代になりましたね。社会貢献をしないとセレブじゃないみたいな。アンジェリーナ・ジョリーだってそうです。

エマ・ワトソンは徹底しています。以前、彼女に国際電話でインタビューをしたことがあるのですけれども、彼女は女優になった目的は、自分が有名になることで困っている人を助けられると思ったから、と言い切っています。そこまで言い切れるセレブは多くないです。アンジェリーナ・ジョリーもそうだと思います。有名になって、お金や権力を手に入れることが目的じゃないのですね。それだけ、著名であることには、使命が宿るということですね。ファッション感覚でチャリティしたい、社会貢献をする多くのセレブとは違って、非常に知性溢れる頭のいい方々だと思います。

エシカルセレブをここ（掲載省略）に挙げてみましたが、この左側がエマ・ワトソンですね。エマ・ワトソンはハリー・ポッターで有名になった女優ですが、エシカル活動のロールモデルです。上はディカプリオ、ご存じですよね。今の新しいハイブリッドカーの流れを先頭を切って実現した人です。

ステラ・マッカートニーは、ポール・マッカートニーの娘で、ファッションデザイナーです。彼女はパリコレの中で、最も早くに熱心に取り組んでいるエシカルデザイナーです。パリコレではショーの前にシャンパンやオードブルが出ますが、彼女はいち早くオーガニックティーやオーガニッククッキーを出していました。舞台の背景が全部グリーンになっていると言う演出も、今では当たり前ですが、いの一番に取り組んでいました。お母様が熱心な動物愛護の運動家だったので、彼女も徹底したベジタリアン、一切動物を食べない。ファーも使わない。レザーも使わない。靴、バッグ、一切革を使っていない。

そして最近衝撃だったのは、シルクも使わないと宣言しています。動物愛護の観点からの判断だそうです。私たち日本人は、シルクは大切な着物の素材なので、それを言われると辛いなと思いますが、そう言う見方もあるということです。日本の場合は、蚕を茹でても、肥料にしたり、最後まで無駄なく使うので、エシカルではないとは思わないのですけれども、欧米の方はそういう考えがあります。

こちらは、アンジェリーナ・ジョリー。人権擁護の活動家です。

日本だと知花くららさん。途上国をたくさん訪ねて、世界食糧計画、ＷＦＰのアンバサダー、日本の大使をされています。それから冨永愛さん、黒柳徹子さんも熱心に活動されています。伊勢谷友介君、リバースプロジェクトでたくさん被災地の支援とかもされていますし、あと滝川クリステルさん。殺処分ゼロ。動物殺処分は、日本はまだ多いですが、殺処分ゼロ運動は、少しづつ広まりつつありますね。ペットショップがある国は、先進国では日本くらいだと言われています。

そして、今や全ラグジュアリーブランドが、エシカル宣言を始めています。去年（２０１７年）、衝撃が走ったのは、グッチのファーフリー宣言でした。アルマーニもグッチもファーを使わないと言う宣言。これは、私たちからすると衝撃的です。よくミラノ、パリに行っていた頃には、ミラノコレクションの例えばドルチェ＆ガッバーナのショーなどで、途中で毛皮反対運動の活動家が、全裸になって「ノー・ファー」と書いた垂れ幕を掲げて、ファッションショーの真ん中に飛び出してくる。それらの人々は引きずり出されてしまうのですが、とにかく毛皮反対の動きは80年代からありました。アナ・ウィンターという編集長が、着ていた毛皮に生卵をぶつけられたとか。それが今や、影響力のあるブランドが毛皮は一切使わないというふうに言い始めたのですから、感慨深いです。

ヨーロッパはもともと狩猟文化圏で、毛皮とレザーで成り立ってきた文化ですから、よくシフトができたなと思っていますが、それぐらい地球規模で皆が真剣にエシカルな方向に向かい始めているのだと感じます。どんどん広まって、ラルフ・ローレンもトミー・ヒルフィガーもカルバン・クラインも、毛皮は消えていっています。

それからこのことに際して、フェイクファーと言っていた言葉が消えつつあって、代わりに「エコファー」という呼び名が出てきています。フェイクファーは偽物毛皮ですが、エコファーは環境に配慮したファーということで、音の響きもきれいですよね。

エシカル・ファッションとは？

次に、「エシカル・ファッションとは何か」ということを説明します。エシカルは「環境と人権」

の両方を保護するという思想で、及ぶ範囲がとても広いのですが、そのことがファッションの領域であればどのように実現できるかについて話します。

まずは、地球に優しい素材を使っているということ。例えば代表的な素材はオーガニックコットン。これは農薬を使いませんから、環境汚染をしません。あとは、自然染料。染料の化学薬品が環境にダメージを与えるケースが多かったので、今は植物のエキスで染めるなど、自然の染料が出てきていますね。化学的な染料でも、有害ではないものというのを証明して使い始めている。あと、天然原料による天然素材。土に帰る素材の開発が進んでいます。スタバが紙のストローに変え始めていますよね。石油由来のプラスチックごみが海に浮遊して、魚や鳥が食べて、大量に死んだり、そのお魚を食べて、人間に発癌性物質が入り、癌になってしまうような状況が生じてきている。海洋プラスチックごみを減らそう、あるいはリサイクル利用しようという動きが今、広まってきています。

次に、人に優しいアクション。フェアトレードや、ＳＡ８０００とかＩＳＯなど、労働環境の整備の認証制度です。フェアトレードは途上国の貧しい人たちに提供して、彼らの経済自立を支援するというシステムです。今までフェアトレードは地味で質素という印象でしたが、今では、おしゃれにプロデュースするブランドが出てきています。それらを都会で販売し、消費者が買うことで途上国の人たちにお金が回る。

私はピープルツリーというフェアトレードのブランドのツアーで、ネパールのスラム街に行ったことがあります。それは、衝撃的な体験でしたね。ネパールの人たちに「主産業は何ですか?」と聞くと、想像を超える答えが返ってきました。それは、〝賄賂〟だというのです。つまり経済は、賄賂で動くので上層部にだけ回り、スラム街にまでは回って来ないということです。それは悲しい話です。

そのスラム街のいくつかの家を訪ねました。6畳間くらいの家に家族6人で住んでいるような環境で、お母さんが、ピープルツリーのニットを編んでいました（図表4-7）。「このニット編みは、家で家事の合間にできるからすごく助かるの」「4人の娘が全員学校に行けたわ」などという話を聞いて、とても感動しました。ネパー

図表4-7　ピープルツリーのフェアトレードの現場を見学するプレスツアーで，ネパールへ。家で手編みして，生計を支え，子供達を学校に行かせている家族を訪ねる。

提供：生駒芳子

ルのフェアトレードでは、思いやりのあるシステムを組んでいて、ニットを製作したらすぐに賃金を支払ってあげるのですね。普通ファッションのシステムだと、売れてから半年後に支払いといったこともあるのですが、そのシステムを改良して、スラム街の方をどんどん経済支援しているのです。

ＳＡ８０００やＩＳＯ。ボッテガ・ヴェネタというブランドをご存じだと思いますが、ボッテガ・ヴェネタは２００９年に就労環境評価の国際規格であるＳＡ８０００を取得しています。そのときに私たちジャーナリストに情報を送り、ボッテガ・ヴェネタはわれわれの産業に関わる全ての人々の労働環境を保証します、と。労働環境をしっかり健全に守りますという宣言は、目に見えない部分の水面下のエシカル宣言でもあります。

あと、サステナブル、持続可能であることも重要な要素です。リサイクル、リメイク、リユース、アップサイクリング。このあたりはご存じだと思いますが、物々交換も最近は広まってきていますね。今私が関わっている伝統工芸世界、そして手作りを見直すということも、エシカルアクションの一つです。

19世紀後半にアーツ＆クラフツ運動が、ウィリアム・モリスによってイギリスで起こりました。産業革命で機械による大量生産が起こったことで、物作りが荒れてしまった。そのことにより人々の心も荒れてしまうのではないかという危機感から、今一度手作りを見直そうと、ウィリアム・モリスが運動を起こしました。今また、これに近いことが起こっているかなと思います。大量生産、大量消費、大量廃棄の果てに来ているというか、ファストファッションの状況は限界を迎えているように思われます。

例えば、一つのアイテムを100万枚作ることで、安価な価格が実現する。そして、余ったら捨てましょうみたいなことが起こっている。いくつかのブランドでは、そういうことは起こっています。廃棄を前提として、低価格にするために大量に生産するというシステムがまかり通っているのです。

ヒューマンスケールを見直す

そういうようなことから考えると、私たちは今一度、ヒューマンスケール、人間の規模、この体を持って生まれた人間がこの地球上で感じる時間の流れや、物の量、質など、人間の感覚に従ったスタンダードを、取り戻さないといけない。ファッションの世界も同じことが言えるのです。そうでないと、正しく未来に向かえないのではないかと私は思っています。だからこそ、手作りの世界が見直されたりしているのではないかと思うのです。

あと、メルカリがとても普及していますね。リサイクル、リメイク、リユースということでいうと、メルカリですね。この間、某ECサイトの副社長に会ったのですが、今やっぱり面白いのはメルカリだよねって彼が言うくらいに、メルカリには今、力があります。物を買うときに、後でメルカリでいくらで売るかを考えて買っている、みたいな状況があると聞いています。商流の流れが変わる、そういう時代に入っていると感じます。

あと、ファーフリーも新たなエシカルの流れです。アニマルファーは不使用で、エコファーが台頭してきています。

この後は、いくつかエシカルファッションのブランド、認証などをお伝えします。ＧＯＴＳ（Global Organic Textile Standard）という認証制度は、覚えておいてください。このマーク、どこかでご覧になると思います。オーガニック商品を買おうと思ったとき、このマークをチェックしてください。イギリス、アメリカ、ドイツ、日本と、オーガニックの基準がそれぞれ国によって違うのですが、各国の最もパワフルなオーガニックの団体が集まってつくった国際基準が、ＧＯＴＳです。私は、ＧＯＴＳの日本上陸時に、日本での代表を務めていました。国によって、生産の状況が全く違うので、日本では浸透せず、大変でした。日本はものづくりの企業に関しては、零細、中小企業が多く、分業制ですので、ＧＯＴＳの認証を取得するのは、経費的、時間的、手間的に大変な負担となります。

なので、日本で広まらず、ドイツの担当者から「なぜだ？」と責められたりしていました。第三者調査機関の調査員が来て、工場やオフィスを訪ね、労働環境は大丈夫か、子供を働かせていないか、賃金をきちんと支払っているか、工場の環境は清潔か、環境に有害な物質は使っていないかなど、全部調べるのです。それだけ厳密なので、ある意味、逆に言えば、ＧＯＴＳを取得しているオーガニックコットンは、本物であると言えるのです。１％でもオーガニックコットンと言えるし、１００％でもオーガニックコットンと言える。定義は曖昧なのですね。ＧＯＴＳは75％以上オーガニックコットンが入っていないと、オーガニックコットンとは謳えないので、信頼度は高いのです。そういう意味では、認証制度が頼りになるというところです。

オーガニックコットン界のブランドとしては「プリスティン」があります。アバンティという会社のブランドですが、渡邊智恵子さんという代表の方が25年前ほど前、本当に早い時期に、オーガニックコットンに着手されて、築き上げられてきたブランドです。非常に質のいいベビーウェアから、大人のためのローブまで作っているので、ぜひのぞいてみてください。

フェアトレードをリードしているのは、ピープルツリー。サフィア・ミニーさんというイギリス人の方が日本で立ち上げたブランドですが、地味で売れないと言われていたフェアトレードの商品を、エマ・ワトソンなど話題のセレブリティーやデザイナーとコラボレーションして、おしゃれなフェアトレードに生まれ変わらせているブランドです。

ラブ&センスは、大阪発のフェアトレードセレクトショップですね。こちらの代表は、高津玉枝さんという女性ですね。実際、エシカルの領域は、非常に女性の活躍が目立ちますね。高津さんは、世界中からおしゃれなフェアトレード商品を集めてきて、素敵に紹介されている方ですが、中でもプルタブバッグは大ブレイクしました。缶のプルタブを集めて作っているバッグですが、ブラジルの職人に仕事を提供している事業です。欧米のデザイナーも取り組んでいますね。とてもおしゃれで格好いいです。

三宅一生さんが再生ポリエステルで「１３２ ５．ＩＳＳＥＹ ＭＩＹＡＫＥ」というブランドをつくっています。アルゴリズムの理論と組んで、畳む、折る、羽織る、平面から立体へ、立体から平面へと、展開を楽しむブランドです。１３２ ５とは、次元＝ディメンションの数字ですね。一次元から三次元で二次元。三次元は立体、二次元で畳む、五次元は無限の喜びということのようです。

ファッションの力で社会貢献を

アニエス・ベーがファッションを手がけているのは、エマ・ワトソンと同じ考えです。人を助けたいから、ということ。80年代、彼女の周りの友人がエイズでどんどん亡くなっていくことに対して、エイズ基金に寄付するために赤いストールを販売し、その売上を基金に寄付する活動を始めました。また、どこかで紛争があったと聞くと、その日のうちにブローチを作って、即座に店頭で販売し、その売上を難民キャンプなどに寄付します。すごい行動力です。今彼女は、タラ号という地球温暖化の調査船を購入し、地球上を航海させています。それこそ、海洋プラスチックごみも調べていると思います。その報告とかも、アニエス・ベーでは度々されています。

チャン・ルーはベトナム人ですけれども、ぐるぐる手首に巻きつけるビーズのブレスレットをプロデュースして、人気を得ている方です。バングラデシュをはじめとする途上国の女性たちに、簡単に作れるビーズのブレスレットの仕事を提供して、作ってもらい、おしゃれなブレスレットに仕上げる。それを、ハリウッドに拠点を置いてセレブに勧めたら、大ブレイクしたのです。ハリウッドにはチャン・ルーのファンは多いです。

ヴィヴィアン・ウエストウッドはパンクの女王として知られるファッション・デザイナーです。彼女も今、アフリカ支援をしています。アフリカの女性の物作りに「感動したわ。応援したい！」と考え、素敵なバッグをプロデュースしています。アフリカの女性たちに作ってもらって、彼女がデザインする。それこそが、エシカル・クリエイティブなコラボレーションと言えますね。

ラグジュアリー世界も、エシカルな活動を始めています。エルメスも、ユニークな素材のブランドを作っています。パスカル・ミュサールという、エルメスのディレクターが、ユニークな素材を集めて、エルメスの職人とアーティストで世界一格好いいものを作りなさいと指示を出して作ったのが、この「プティアッシュ（Petit h）」。プティアッシュは、小文字のｈ、という意味で、本来のエルメスのブランドロゴは大文字ですが、小文字のｈ、プティアッシュは、むしろ未来形。品物を作り上げた際に、どうしても残ってしまう素材の一部を活用したアイテムのこと。きっかけは、避けられず残ってしまう素材を、できるだけ無駄なく活かしたいという気持ちから生まれたそうです。楽しく、クリエイティブに、様々なユニークな素材を組みわせる、遊び心いっぱいのエルメスの新世界。新たなものづくりが始まっています。

パスカル・ミュサールが来日した際、話を聞きました。２０１１年3月11日の後に日本に来たタイミングです。「われわれは今まで傲慢だったわ。永遠に新しいものを作って、新しい素材を得て、できると思っていたけれども、あの津波の映像を見た？　すごくショックを受けました。そして、このプロジェクトは絶対必要であると思いました」と。物質文明に対する新たな謙虚なものづくりのメッセージを、エルメスのようなブランドが投げかけるというのは意義深いと思います。

これ（掲載省略）は、イタリア・ローマのブランド「フェンディ」の三女のイラーリア・ヴェントゥリーニ・フェンディという方が作った、高級リサイクルバッグブランド「カルミナ・カンプス」です。彼女は元は靴・バッグをデザインしていたのですが、２０００年ごろ、突然目覚めて、トレンド・サイクルの限界を感じて、オーガニックの世界に飛び込みます。ところが、しばらくするとまた、バッグを作りたくなるのです。その時、倉庫を見たら、余っている布がいっぱいある。その残布でバッグを作り始め、やがて、廃棄された車のミラーを手に入れてクラッチバッグを作ったり。現在では、アフリカの女性ともフェアトレードな流れでものづくりをしています。そして最終仕上げは、イタリアで行う。ですので結構、価格はラグジュアリーです。途上国と組みながら、最終仕上げを先進国で行う。耐久性や機能性を強化するので、これは今、エシカルブランドの一つの流れになっています。

こちら（掲載省略）は「買わないで」というパタゴニアの広告です。未来形の広告ですね。〝Don't Buy This Jacket〟。本当に比喩なのですけれども、不必要なものは買うな、ただパタゴニアのジャケットは正しいみたいな、そういう内容なのですが、広告でこんなことが謳われるようになったのです。あなたのワードローブはもういっぱいでしょう？　もう買う必要はありません。そんな、面白い広告です。

これ（掲載省略）は「マイエット」という、エシカルラグジュアリーなブランドです。例えばビーズ刺繍などを、世界中の伝統工芸の職人に手作りさせて、最終仕上げは先進国で行う。そうすると、仕上がりがラグジュアリーになる。その効果もあって、セレブがよく着ています。世界中の職人の応援をするラグジュアリーブランドということです。

これ（掲載省略）はブラジル発のエシカルブランド「オスクレン」です。アウトドア用品から始まっていますが、おしゃれな商品展開をして、パリでも話題です。

あと３Ｄプリンター、レーザーカッターもエシカルの領域に入ります。無駄を出さずに生産できるから。大量に作って在庫を持つような時代じゃない、必要な分だけ作りましょうと。しかも非常にクリエイティブなデザインも出てきています。オランダのデザイナー、イリス・ヴァン・ヘルペンは、3Dプリンターでパーツを作り、組み合わせてドレスにしています。こういう動きがここ4、5年盛んに出てきています。これも、新しい実験的なオートクチュールの流れの一つです。

　これはちょっとまた目先が違いますが、ファクトリーブランドとは工場が直接ブランドをつくることを言いますが、さらに進化系のものづくりのブランドが誕生しています。

「ファクトリエ」（本書第2章）というブランドは、工場に直接、交渉をして、製造してもらい、価格調整し、ショールームでネット販売するという新たな販売システムを構築しています。直接工場とやりとりして作り、販売するので、いわばファッションの直販ですね。野菜の直販みたいなものですけれども。ついにファッション界でも、直販が実現しているのです。代表の山田敏夫さんは、本当に突撃隊という感じで、全国の工場を歩いて回って、交渉して、現在は多くの工場の信頼を得ています。多くのアパレル企業が縫製の拠点を海外に移し、日本の縫製工場が廃れていく状況がありますが、日本の物作りは素晴らしいし、日本の宝だと思っているので、彼の活動には注目していただいて、応援していただきたいと思います。

　2016年にはジョルジオ・アルマーニが、2017年にはグッチが、ノー・ファー宣言を行いました。グッチは今、最も注目されるブランドの一つです。アレッサンドロ・ミケーレというデザイナーは、自らヒッピーのようなスタイルで、毎シーズン、話題のコレクションを展開しています。ビジネス的にも成果を出していますし、古着をリミックスするような感覚もすごくおしゃれで、インスタ映えも話題です。インスタ映えの流れで、インパクトのある〝悪趣味〟なファッションも一つのトレンドになっていますが、その火付け役の一人が、彼かなと。そんな話題のブランドがファーフリーを宣言し、そしてジョルジオ・アルマーニも、それより先に宣言しています。イタリアの両雄が、毛皮を使わないという時代です。

あと化粧品業界でも、動物実験の廃止が広まりました。日本の大手化粧品会社も、動物実験をしないというふうに宣言されました。ＥＵでは動物実験をした化粧品は一切取り扱いません。なので、これも時代のエシカルな潮流です。非常に大きな流れだと思います。さっき申し上げたＳＤＧｓですが、２０１５年９月の国連サミットで採択されました。持続可能な開発のための、２０３０年までに達成すべき目標が掲げられています。最終的には、世界平和なのですね。世界平和を達成するための要素ということで、「サステナブル・デベロップメント・ゴールズ〝Sustainable Development Goals〟」です。ここには貧困の解決もあれば、環境汚染の解決もあれば、エシカルの要素は全部入っています。ぜひこれはチェックしてください。

そのおかげで、今やっとエシカルに追い風が吹いてきています。それはＳＤＧｓのおかげですね。国連が動くと企業が動く。なので、あらゆる企業でＳＤＧｓ研究が始まっています。そういう意味で、これは追い風です。

また、ＥＳＧ投資も動いています。エシカル金融、エシカル投資。ここにいる皆さんは、むしろそういったことに詳しいと思いますが、エシカルファンドは道徳ファンドとも呼ばれて、道徳や倫理に問題がある企業には投資しない、という考え方です。健全な会社、社会貢献する企業にのみ投資していこう。これも、ファッションの世界の追い風になっていくのではないかと思います。

日本の伝統工芸を再起動させる

時間が迫ってきたので、ここからアップテンポで行きますが、私の活動を少しご説明します。２０１０年に金沢を訪ねて、伝統工芸の素晴らしさに目覚めて、日本の宝だと確信したのです。この宝を眠らせて、終わらせてはいけないと思い、大きな夢を掲げるとすると、日本からラグジュアリー・ブランドの５個や10個はできるぞぐらいに、大きく考えてみました。その意味合いで、何か自分ができることがあるのではないかということで、伝統工芸を見直して、ブランディングすることで、物作りの未来を切り開けないかなと思いました（図表４－８）。

なぜ伝統工芸がエシカルかというと、素材が自然由来ですし、丁寧な手作業から作られている。ナチュラルで、オーガニックで、クラフツマンシップの要素があります。例えば子供に器を買う時、

図表 4-8　伝統工芸のイベントを数々プロデュース。東京都の伝統工芸ブランディング企画「江戸東京きらり」プロジェクトで，浜離宮の茶室にて，江戸小紋の職人，建築家とトークショーを開催。

提供：生駒芳子

１００円のプラスチックのお椀もあれば、１万円の職人が作ったお椀もあって、どっちを買うべきかという判断があります。でも、１００円のプラスチックのお椀はいずれ壊れて、さっき言った海洋汚染に繋がるのですね。こちらの１万円のお椀は長く使えます。だから、親子三代使える高価な器と、どちらが高いか安いか。人間の健康とか人の心の問題を考えると、ひょっとしたら１万円の本物の漆のお椀のほうが安いかも、という、そういう判断です。

「工芸ルネッサンスＷＡＯ」というセレクトプロジェクトを最初に考えて、２０１１年から展覧会を開催し、最初は黒とピンクで世界観をデザインしました。黒と赤では昔からの日本のイメージになるので、モード感がある黒とショッキングピンクで構成しました。このプロジェクトでは、全国からモダンな工芸を集めて、パリ、ミラノ、ニューヨークで発表しました（図表4－9）。これ（掲載省略）はパリの装飾美術館の風景です。パリの方々は、とても喜んで見てくださいました。デザインは新しいけれども、日本のものだとすぐに分かると、何人にも言われました。それは、ディテールの美です。ここまで細部に行き渡ってきれいに作れるのは、日本だけだと言われました。パリでも、ニューヨークでも、多くの

図表 4-9　モダンな伝統工芸をセレクトして紹介するプロジェクト「WAO」をミラノサローネ／東京デザインウィークにて展示。伝統工芸の魅力的なアイテムを，美味しい料理に例えて，テーブルコーディネート風に空間構成した。

提供：生駒芳子

人にも指摘されました。

その後、多くの大手デパートから声がかかり、プロジェクトやポップアップショップを始めました。どういったものをご紹介したかというと、象徴的なものとして、フェンディのバゲットバッグ（掲載省略）。加賀縫いの刺繍を施しましたが、これは私がコーディネートしました。本来、蝶々とお花は赤とか黄色とかグリーン、青とかですが、それだと和風すぎて合わないなと感じ、シルバーとゴールドだけにしてくださいとリクエストしました。そのことで、バッグによく似合う、シックな刺繍となりました。

このルイ・ヴィトンのモノグラム（掲載省略）は、輪島塗です。これは能登半島沖地震のときに、ルイ・ヴィトンが輪島の職人を応援するために限定販売したものです。これ（掲載省略）は、バカラの春海好みの器シリーズ。20世紀初頭の大阪の茶人で商人だった、春海藤次郎がバカラを輸入していて、そのうちに自分のお茶室にバカラが欲しいと思って、オーダーした茶器だということです。

こうした歴史を見てもわかるように、日本の伝統工芸世界は、欧米のラグジュアリーブランドとずっと繋がってきているのですね。日本の伝統工芸の価値を一番評価しているのは海外のラグジュアリーブランドではないかとも私は思います。

私がポップアップショップで扱ったのは、カラフルな南部鉄器ですとか、おしゃれな藍染めのファッションストールですとか、有田焼の豆皿ですとか、カラフルな会津塗の小箱ですとか。あと、これ（掲載省略）は、デザイナーの串野真也さんがデザインしたレディー・ガガも履いたアーティスティックな靴。このヒール部分は、京都の仏師に頼んでいるということです。仏様を彫っている人に、このヒールを彫ってくださいというリクエスト、仏師の方は大変驚かれたそうです。伝統工芸を取り込むことが格好いいと、若いクリエーターやデザイナーに今そういう傾向もあります。

　これ（掲載省略）はキティちゃんを描いた輪島塗のブローチ、これ（掲載省略）はこけしですが、コシノ・ファミリーを表現したシリーズです。コシノ家の母親と3人の娘を作ってしまう、そんなしゃれたコラボレーションもできるわけです。これは、輪島塗の赤木明登さんという方のものですけれども、非常にモダンで遊びの強

図表 4-10　シチズンでエシカル時計「シチズン L アンビリュナ」をプロデュース。西陣織や漆を配した新時代の腕時計を提案し，ものづくりの新時代を切り開いた。

提供：生駒芳子

いものもあれば、こうやって永遠のデザインを追求するような作家も話題となっています。

こちらはエシカル時計（図表4－10）、私も今日も着けているのですけれども、シチズンでエシカル時計を作りたいという相談を実は3年前に受けて、プロデュースしました。これは、建築家の藤本壮介さんに頼んでデザインしてもらいました。時の曖昧さを示したいということで、文字盤のガラスが曇りグラスになっているのです。最初全然針が見えなくて、「藤本さん、これじゃ時計じゃないです」と言ったのですけれども、ちょっと真ん中が開いて見えるようになっています。私はこちらを「時を忘れる時計」と呼んでいます。このような時計で西陣織のベルトを施しました。

これは私がアドバイザーを務めているプロジェクトですが、「シチズン L アンビリュナ〝CITIZEN L AMBILUNA〟」のエシカルの定義というのは、成分表の公開、CO^2排出量の公開、DRCコンフリクト・フリー宣言など。紛争がある地域からの鉱物を買わないというのは、すべてのジュエリーブランドが今謳っていますね。あと取扱説明書のスリム化、サステナブルな時計パッケージということです。

最後に、私が今取り組んでいるブランド「HIRUME（ヒルメ）」について、一言、ご説明いたします。これは、伝統工芸をもっと身近に感じていただくために開発したブランドです。金蘭と加賀繍のスカジャン、西陣織のコート、江戸小紋のワンピースやストール、漆のバングルやイヤリング、パールと組紐のネックレスなど、密やかな輝きを宿したアイテムを開発しています。ブランド名は、天照大御神様の別名「日霊《ひるめ》」から由来しています。伝統産業に光をもたらす、という意味をこめました。

2年半かけて全部オリジナルでつくりました。それまではセレクトしていましたが、全部オリジナルで開発しています。私が今日着ている、これ江戸小紋のドレスなんです。江戸小紋のスカーフです。こういうようなものと、あとスカジャン、加賀縫いのスカジャン、1カ月かかって縫っていただく、あと箔《はく》のクラッチバッグとか、パールの、ゴールドパールのネックレスとか、ちょっと他にない新しい伝統工芸、あるいは日本の素材を使ったブランドをつくっております。

このブランドを、日本発のエシカルでラグジュアリーなブランドに育てていけるよう、前進していければと思っていますので、ぜひ応援してください。

ということで、最後にエシカル・プラス・クリエイションと書きました（掲載省略）。環境や人権を配慮するというのは美しいことなのですが、おしゃれじゃないとやっぱり伝わらないのです。ですので、デザインやアートやファッションの力がとても重要です。エシカル・プラス・クリエイションで21世紀のファッションは、私はエシカルとラグジュアリーが一体化して進化していくのではないかと思っています。

ここ（掲載省略）に5つのキーワードで持続性、信頼、敬愛、創造、品質、サステナビリティー、トレーサビリティー、ウィンウィンの精神とクリエイティビティーとクラフトマンシップと書きました。こういったキーワードが今後はどの事業においても、全部バランスよく含まれているかなというチェックリストじゃないですけども、企画立案時の判断基準となるべきだと思っています。これはファッションに限らないことであり、食品もまさしくそうですし、全ての産業において言えることではないかと思います。

今日はありがとうございました。（拍手）

質疑応答

【司会（長沢）】 はい、ありがとうございました。それでは、せっかくですので質問をお願いします。

しかし「エシカル」、誰も知らないというのはビジネススクールとしてまずかったね。ＳＤＧｓもまずかったね。実は私、理工の大学院では「環境ビジネス論」を教えているのです。ビジネススクールでも環境ビジネス論の科目をつくろうとしたら、「そういうのは、流行り廃りがあるからな」と当時の長老の先生に言われて、もう気が悪いから二度と提案していません。

【生駒】 まじですか。長老は退場ですね（笑）。

【司会（長沢）】 あり得ないよね（笑）。

【生駒】 あり得ないです。環境問題もありますし、今こんなに異常な豪雨があったりと、環境異変じゃないですか。本当に早く腰上げて取り組まないと。日本の政府も遅いのです。日本の社会全体が遅いので、すごく心配です。今はまだ何とか乗り越えられても、この後が怖いですよね。先生はそんな体験されているのですか。寂しいですね。

どうですか、何かご意見あれば。

【質問者（掛谷）】 掛谷と申します。今日はありがとうございました。日本の伝統工芸は未来がないというお話から最初入って、最後は未来があるような感じを受けまして、感銘を受けました。いま取り組まれているのは、まさにその日本の伝統工芸とラグジュアリーブランドの橋渡しをやられているのかなあと思いました。

とはいえ、零細企業がたくさんあるこの日本の伝統工芸が、もっと世界に認められるような流れをつくっていくのは、すごく大変な道のりもあるのかなと思います。あるいは、まだまだ先ほど仰ったように、理想にはまだ近づいていないというか、そういうところがあるのかなとも思います。

どういったところに課題というか、問題があって進まないのか、あるいはどういうことをすれば今後もっと進んでいくのか、といったところのご見解を。

【生駒】 課題についてですね。もういっぱいあるのです。私ももともと編集者をやっていたので、理論とか理想論の世界で生きてこられたのですけれども、このブランドをプロデュースしたら、理論だけでは全く動かなくて。実際、私も素材を買って、縫製工場に出して、デザイナーさんに頼んでものづくりして、それからお客さまから頼まれたら2カ月後に納品して、というふうになってくると、受注の体制でものをつくっていくことに対して、想像していたようにマーケットであるとか小売の現場ではまだまだアレルギーがあるんです。すぐその場で売上が欲しいとか。そこはたくさんの問題があります。あと、消費者の側の問題、つまり心理的な問題です。

ただ、一つ面白いのは、ものすごく強烈に惹かれて来てくださるお客さまがいて、もう「待つわよ、いつまででも待つわよ」みたいなことを仰ってくださったりするように、すごく二極化しているところがあるんです。なので、消費者の心理とか、ファッションを極めてきた人が欲しいものとは何だろうとか、今はいろいろ考えさせられています。鏡、それももう多面体の鏡みたいな形で、いろんなものが見えている状況です。

あと、ものづくりしている刺繍の方とか、染める方も、できればもう少し早く作っていただけないかとか思うのですけど、そんなに早くはできないわけですよ。スカーフを何日までに納めてとか思っても、時には「うまく色が出なくて――」とか言われて、えーっみたいな。しかも、ものすごく簡単につくられるものではないので、仕上がりの状態が一つ一つ違っていたりすることもなくはないわけです。

マーケットの中の、消費者の方の心理的なものというのがまず一つあるのと、その中間に立ってわれわれのようにプロデュースしていく、あるいはブランディングしていく人間の立場というのがあって、あともう一つはその職人さんたちや工場ですね。さっきの山田さんのファクトリエじゃないですけれども、私たちも直接工場に頼んでやっています。そういう意味では、サプライチェーンとかつくるプロセスはクリアなのです。

ただ、まだまだ時間がかかると思うのですが、最近の傾向は、この江戸小紋の染工場にも、江戸切子の工場にも、18歳の若者とかが入ってくるのです、憧れて。すごく新しい現象です。それはどういうことかというと、その職人たちがスタイリッシュで格好いいのです。

皆さんに今日お配りしたパンフレットにも載っている廣瀬雄一さんは、実は江戸小紋の工場の４代目なのだけれど、元ウィンドサーファーの日本代表だったので、とても格好よくて、ファッションブランドの広告にも出るほど。しかも革新的な活動を展開している。そういう彼がいると、憧れて入ってくるのです。ロールモデルとなるようなパワフルな職人さんがいると、少し流れが変わるかなというのが一つあります。

あとは価格が高くなるので、それで私はラグジュアリーブランディングが必要だと思っております。日本のメーカーは戦後、安くしよう、安くしようとすることばかり考えてきたのです。漆のお椀を、10個あるプロセスを半分にして、１万円のところを５０００円にする、４０００円にするとやってきて失敗しているのです。１万円は１万円の価値できちっと売っていかなきゃいけない、むしろ付加価値をきちんとつけて２万円、３万円で売っていいのです。そういうふうに発想しようということで、私は伝統工芸を高く売りましょうと言っています。日本はやっぱり今までラグジュアリーブランドの土壌がなかった、それを長沢先生がまさしく築かれていらっしゃるので、ぜひ皆さん協力してください。お願いします。

【司会（長沢）】 私が言ってもあまり聞いてもらえないけど、生駒先生から言ってもらうと効きそうですね（笑）。それにしても、人間は偉くなると言うことが同じになってくるのでしょうか（笑）。

【質問者（前田）】 前田と申します。今日はどうもありがとうございました。今のお話とちょっと繋がると思うのですが、この伝統工芸をもっと高く売っていく、その西陣織とか江戸小紋以外の地方の伝統工芸品も何か注目なさっているものがあるのか。もしくは全国のそういう伝統工芸のネットワークのようなものがあるのか、あるいは今後計画されているのかお聞かせください。

というのは、私は沖縄の出身なのですけれども、琉球紬《つむぎ》とか琉球絣《かすり》とか、いろいろな良い素材がいっぱいあるのですけれども、やっぱり後継者不足とかですごく将来が心配な産業でもあるのです。なので、生駒先生のようなお取り組みがもっと日本全国に広がっていく可能性があるのかどうかも含めてお聞かせください。

【生駒】 はい。私自身は今石川県の伝統工芸の開発事業のプロデューサーを頼まれてやっているのと、三重県とそれから広島とか幾つかやっているのです。と同時にレクサスの匠プロジェクトという全国47都道府県の30～40代の若い匠を支援するプロジェクトのメンターもやっているので、結構ここ3年間ぐらい、毎年20カ所ぐらい匠の里に行くということをやっているのです。

皆さん、結局価格の高さで苦しんでいらっしゃるんです。売りにくいわけです。価格が高いということで売れてないと考えがちですが、実は高いから売れてないんじゃなくて、そこの問い正しはたくさんあるのです。デザインはいいのか、使い勝手はいいのか、充分に魅力があるのか。魅力があればもっと高くても売れるよという、そういうことです。

一番いい例として、例えば九谷焼の赤絵を文字盤にしたエルメスの腕時計です。細かい赤い模様、もうお米に絵が描けるぐらいの人たちが描く赤絵の文字盤のエルメスの腕時計は、高価格でも売れます。それはなぜかというと、信頼を得ているエルメスのブランド力です。今日明日にできることではないですけれども、しかも私だけではなくて、本当は何人か束になってやらないとできないことですけれども、私は日本から信頼されるラグジュアリーブランドというか、そういうものを飛び立たせられたらと野望を持っています。長沢先生、ご協力ください。

【司会（長沢）】 もちろん。授業でいつもそう言っています。日本発、日本初のラグジュアリーブランドを目指せ、と。

【生駒】 その前提としては、ケンゾー（高田賢三）、イッセイ（三宅一生）、コム・デ・ギャルソン（川久保玲）、ヨウジ（山本耀司）という4大ブランドがあります。これはラグジュアリーブランドとは呼びませんが、クリエイティブブランドですよね。日本を代表するブランド、グローバルブランドです。ユニクロもラグジュアリーじゃないけれどグローバルブランドです。だからグローバルブランドは既に日本はある。ただラグジュアリーブランドは、ミキモトやタサキという真珠に特化したブランド以外はあまりないのです。ですから今、私が繋がっているのは、デパートの富裕層向けの会や、あと高級セレクトショップのような、日本の中でも富裕層をつかんでいるマーケットです。

その中で、私はエッジィエレガンスをテーマにしています。だから、ストールとかも江戸小紋でスカル柄でやっているのです。このデザインをしてくれている人はパリコレを20年経験してきた人で、私の感性を分かってくださるので一緒につくろうと。エッジさがないと、もう今この時代、本当におしゃれが好きな人はついてこないし、私も興味がないのです。

日本のラグジュアリーファッションの一つの難点はコンサバになることです。非常に上品な保守的な世界が、悪いわけではないのです。ただ私自身はもう少し遊びたいのです。なので、アートの要素も入れたいし、表参道につくった私のショールームにもぜひ、いらしてください。私の趣味とセンスの空間なのですけど、映画監督のデビット・リンチの絵を置いたり、実験室と考えて、ここでクリエイターがどんどん実験して、次に向かうアイテムを発明するみたいな感じにしていきたいかなと。いつも新しいことが起こる——そんなブランドにしていきたいと考えています。

【質問者（外川）】 外川と申します。お話ありがとうございます。最初のほうにありましたエシカルの考え方からいうと、在庫がないというお話からするとECとの相性がかなり良いのかなと思っています。今、増えすぎているショッピングセンターとかはどうなのかなと思うわけです。こういった製品はやっぱり実際に見ていただいたり、触れていただくという要素が非常に重要だと感じているのですけれども、売り方とか売り場に関してはどのようなお考えがありますか。

【生駒】　今、本当に日々いろいろ影響とかアドバイスをいただいているのですけれども、表参道にショールームができたので、そこを中心にして、路面店など持たないで、それこそECとか、それからポップアップとかで展開していこうかなと、今しばらくは思っています。多店舗展開とかは、とても向かないのです。なので、ショールーム的なものを東京以外につくってもいいかもしれないけれども、基本はそこで世界観を見ていただいて、手に取っていただいてEC決裁、オンライン決裁でもいいし、というぐらいに考えています。

旧来型のアパレルブランドをつくる気は毛頭ないので、ちょっと新しい座組でという意味合いでは、今の時代のいろいろなツールとかネットワークも使わせていただいて、新しく展開していけたらいいかなと思っているので、またぜひアドバイスもいただければ。

今一つ来ているのは、中国からの越境ECですか、そこで日本の伝統工芸を売らないかという話が来ているんですけれども、あくまでも慎重に取り組もうと思っていて、すぐには多分やらないと思うのですけれども、そんなお声掛けがあるくらい、関心は持っていただけているのかなと思っています。ありがとうございます。

【司会（長沢）】　お話に出たファクトリエの山田代表は再来週にお呼びいたします（本書第2章）。今日お召しなのは江戸小紋でしょう。秋は別の「感性マーケティング論」という科目ですけれども、京小紋の社長をお呼びします。京都紋り美術館を運営している吉岡甚商店の吉岡社長です（章末注）。補助金じゃなくて、財団法人じゃなくて、なんと会社で京都紋り美術館を運営していて、しかも黒字だというから、ぜひ来てくれとお願いしました。

【生駒】　京小紋や京鹿の子絞りですね。

【司会（長沢）】　そうです。あと、ルイ・ヴィトンとかモンクレールに高密度繊維を卸している福井・第一繊維の吉岡社長も呼びます（本書第3章）。結構、生駒先生と感性が通じているでしょう。

【生駒】　感性、ちょっと同じです。いろいろまた先生、お願いします。

【司会（長沢）】　ちょっと一言。今夜（注：講義日）10時から日テレで『サバイバルウェディング』という連続ドラマがあります。これを私が監修をすることになりました。何かというと、この主人公の波瑠さん演ずるアラサー女性を、伊勢谷友介が演ずるハイファッション誌編集長が、「ラグジュアリーブランドを見倣って高く売れ、安売りするな」といって、ラグジュアリー戦略を応用して婚活させるというラブ・コメディーです（笑）。それでルイ・ヴィトンとかシャネルに失礼があってはいけないというので、ラグジュアリーブランドの部分を監修するように依頼されました。今夜の回はエルメスが出てきます。

【生駒】　それは観なきゃ。面白そう（笑）。

【司会（長沢）】　今日はファッションジャーナリスト、日本遺産プロデューサー、そして伝統工芸を未来に繋ぐブランド「HIRUME」の創設者でもある生駒芳子先生にお越しいただいて講義いただきました。感謝を込めて拍手をお願いします。どうもありがとうございました。（拍手）

【生駒】　ありがとうございました。また、ぜひ皆さん、お仕事の場でも何かご一緒できたらと思います。頑張ってください。（拍手）

〔注〕

・長沢伸也編『伝統的工芸品ブランドの感性マーケティング―富山・能作の鋳物、京都・吉岡甚商店の京鹿の子絞、京都・とみや織物の西陣織、広島・白鳳堂の化粧筆―』同友館、２０１９年

◎編者紹介

長沢　伸也（ながさわ　しんや）

早稲田大学大学院経営管理研究科（早稲田大学ビジネススクール）および商学研究科博士課程教授。早稲田大学ラグジュアリーブランディング研究所長。立命館大学教授などを経て、2003年早稲田大学ビジネススクール教授、現在に至る。

仏ESSECビジネススクール、パリ政治学院、立命館アジア太平洋大学各客員教授、LVMHモエヘネシー・ルイヴィトン寄附講座責任者（併任）等を歴任。工学博士（早稲田大学）。専門はデザイン＆ブランド・イノベーションマネジメント論。

Journal of Global Fashion Marketing（Routledge）, Luxury Research Journal（Inderscience）など海外学術誌5誌の編集委員・編集顧問。

主な著書として、『戦略的感性商品開発の基礎―経験価値／デザイン／実現化手法／ブランド・経営―』（編著、海文堂出版、2019年）、『感性＆ファッション産業の実際―ファッション産業人材育成機構、ビームス、山田松香木店、共立美容外科』（編著、海文堂出版、2019年）、『ラグジュアリーブランディングの実際―3.1 フィリップ リム、パネライ、オメガ、リシャール・ミルの戦略―』（編著、海文堂出版、2018年）、『日本の“こだわり”が世界を魅了する―熱烈なファンを生むブランドの構築―』（編著、海文堂出版、2017年）、『高くても売れるブランドをつくる！』（編著、同友館、2015年）、『グッチの戦略』（編著、東洋経済新報社、2014年）、『シャネルの戦略』（編著、東洋経済新報社、2010年。韓国語版：Random House（ソウル）、2011年）、『数理的感性工学の基礎―感性商品開発のアプローチ―』（共編著、海文堂出版、2010年）、『それでも強い ルイ・ヴィトンの秘密』（講談社、2009年。中国語版：东华大学出版社（上海）、2016年）、『老舗ブランド企業の経験価値創造』（編著、同友館、2006年。中国語版：中衛發展中心（台北）、2008年）、『ブランド帝国の素顔 LVMHモエヘネシー・ルイヴィトン』（日本経済新聞社、2002年。中国語版：商周出版（台北）、2004年）、訳書に『ラグジュアリー戦略』（東洋経済新報社、2011年）、『ファッション＆ラグジュアリー企業のマネジメント』（共監訳、東洋経済新報社、2013年）など114冊がある。

◎執筆協力者（講演者）

種村　清美

セイコーウオッチ株式会社 デザイン部長兼高級品ディレクター

山田　敏夫

ファクトリエ代表（ライフスタイルアクセント株式会社 代表取締役）

吉岡　隆治

第一織物株式会社 代表取締役社長

生駒　芳子

ファッションジャーナリスト，日本遺産プロデューサー

ISBN978-4-303-72385-9

感性産業のブランディング

2020年4月30日　初版発行

編　者　長沢伸也　　検印省略

発行者　岡田雄希

発行所　海文堂出版株式会社

本社　東京都文京区水道2-5-4（〒112-0005）

電話 03（3815）3291㈹　FAX 03（3815）3953

http://www.kaibundo.jp/

支社　神戸市中央区元町通3-5-10（〒650-0022）

日本書籍出版協会会員・工学書協会会員・自然科学書協会会員

PRINTED IN JAPAN　　印刷　東光整版印刷／製本　誠製本